제~발,
**영어 단어 공부**
좀 시키지
말아주세요!

아이와 부모가 **함께** 성공하는 명쾌한 영어교육 가이드

# 제~발,
# 영어 단어 공부
# 좀 시키지 말아주세요!

손중선 지음

한국문화사

**제발, 영어 단어 공부 좀 시키지 말아주세요!**

**1판 1쇄 발행**   2024년 10월 10일

**지 은 이** | 손중선
**펴 낸 이** | 김진수
**펴 낸 곳** | 한국문화사
**등     록** | 제1994-9호
**주     소** | 서울시 성동구 아차산로49, 404호(성수동1가, 서울숲코오롱디지털타워3차)
**전     화** | 02-464-7708
**팩     스** | 02-499-0846
**이 메 일** | hkm7708@daum.net
**홈페이지** | http://hph.co.kr

**ISBN**   979-11-6919-249-1   03740

· 이 책의 내용은 저작권법에 따라 보호받고 있습니다.
· 잘못된 책은 구매처에서 바꾸어 드립니다.
· 책값은 뒤표지에 있습니다.

오류를 발견하셨다면 이메일이나 홈페이지를 통해 제보해주세요.
소중한 의견을 모아 더 좋은 책을 만들겠습니다.

추천사

저는 두 초등학생을 둔 평범한 엄마입니다. 이 책을 감수한 2023년에는 아이들이 초등학교 1학년, 5학년이었습니다. 아이의 교육을 생각하며 다른 과목보다 영어에 궁금증이 많아질 때쯤 다른 사람들과 책을 통해 얻은 지식과 정보로는 아이의 교육방법을 이해하는 것이 충분하지 않다는 생각이 들었습니다.

그래서 직접 전문가로부터 영어교육에 대한 이해를 얻고자 대학원 진학을 하게 되었습니다. 그곳에서 손중선 교수님의 강의를 수강하고 이 책의 감수를 맡으면서 아이들의 영어교육에 대한 중심을 잡게 되었으며 기존 영어교육에 대한 고정관념을 깨고 현실적이고 실행 가능한 교육방법을 얻게 되었습니다.

이 책은 어린 아이들이 처음으로 영어를 시작할 때 어떻게 시작해야 시행착오를 최소화하면서 튼튼한 영어 기초를 다질 수 있는지에 대한 내용을 담고 있습니다. 우리 아이들이 영어 공부

시작을 어떻게 해야 하는지 분명하게 알고 싶으신 분들, 아이들이 영어학원에 다니고 있지만 제대로 된 학습방법인지 확신이 들지 않는 분들, 아이의 영어거부감으로 아이와 관계가 나빠져 힘든 시간을 보내고 있는 분들에게 영어의 새로운 시작을 하기에 좋은 이 책을 추천하고 싶습니다.

제가 인상 깊었던 부분은 우리의 자녀가 어떻게 영어를 배워야 효율적인지를 아이의 인지발달과 아동의 심리를 충분히 고려하여 분명하고 명확하게 제시한 부분이었습니다. 더불어 영어교육을 넘어 아이의 마음을 먼저 읽고 다가갈 수 있는 다양한 방식과 예시를 통해서 우리 자녀에 대한 진정한 배려와 존중을 배울 수 있었습니다.

저는 이 책에서 배운 학습방법들을 아이들의 수준을 반영하여 관심과 반응을 살피며 적용하였습니다. 아이들이 평소에 가지고 있던 영어에 대한 부담감과 거부감이 줄어들고 자기들도 영어를 할 수 있다는 자신감을 가질 수 있게 되었습니다. 아이들의 입에서 영어가 힘들지만 재미있다는 말, 이제는 영어로 말해보겠다는 말을 들을 수 있어서 엄마인 저도 뿌듯하고 감격스러운 순간이 많았습니다.

엄마로서 이 책을 읽고 이해하는 과정을 통해, 제 영어 선입견을 벗어나 올바른 영어교육이 무엇인지 많이 배우고 적용할 수 있었습니다. 영어교육에 대해 부족한 저에게 기꺼이 책의 감수를 맡겨 주신 손중선 교수님께 깊은 감사와 존경을 표합니다.

**머리말**

어린이 영어교육에서는 아이에게 하지 말아야 할 것을 하지 않는 것이 더 중요합니다. 이 책은 어린 자녀의 뇌를 망가뜨리지 않고 영어를 효과적으로 학습하게 하는 길로 안내하고자 쓴 것입니다. 집필 동기는 어린이 영어교육에 대해 가지고 있는 너무 많은 사람의 그릇된 고정관념들이었습니다.

첫째는, 단어를 서둘러 많이 암기해야 한다는 착각입니다. 둘째는, 문법을 빨리 배워야 한다는 착각입니다. 셋째는 파닉스부터 해야 읽기를 할 수 있다는 착각입니다. 넷째는, '교육'의 관점에서 종합적으로 접근하지 않고, 영어교육이니까 '영어교육'의 관점에서만 접근하려는 오산입니다. 단순하게 말하면, 처음 세 가지 착각은 언어학과 인지심리학에 대한 무지에서 오는 것이고, 네 번째의 오산은 발달심리학이라고도 부르는 아동심리학에 대한 무지와 무관심에서 오는 것입니다.

이런 착각과 오산을 깨기 위해서, 이 책에서는 왜 처음부터 단어가 아니라 문장을 익혀야 하는지, 왜 '지식'으로서 문법이 아니라 '감각'으로서 문법을 길러줘야 하는지, 왜 파닉스부터가 아니라 낭독read-aloud을 많이 해야 하는지를 자세히 설명합니다. 나아가, 왜 적어도 사춘기까지는 아이를 진정으로 존중하고 배려하며, 영어를 머리 아픈 '공부'로서가 아니라 최대한 재밌는 '놀이'로서 해야 하는지 그 이유를 제시합니다.

아이의 영어교육을 시작하기 전에 우리 모두가 반드시 기억해야 할 것 하나가 있습니다. 그것은 영어권 나라에서 사용하는 지도방식을 들여와 그대로 가르치면 대부분 효과가 크게 떨어지고 아이들이 매우 힘들어할 수밖에 없다는 사실입니다. 영어권에서는 말을 할 줄 아는 상태에서 파닉스와 읽기, 어휘 및 문법을 학습합니다. 반면에, 우리나라 아이들은 영어로 말을 할 줄 모르는 채 시작합니다. 영어권에서는 하향식top-down 학습인 것이 우리나라에 들어오는 순간 상향식bottom-up 학습으로 뒤바뀌어 버리는 것입니다. 이 점은 많은 영어교육 전문가라고 자처하는 사람들조차 잘 인식하지 못하고 있는 실정입니다.

말을 할 줄 아는 상태에서 하는 하향식 학습과 말할 줄 모르는 상태에서 하는 상향식 학습의 차이는 아주아주 큽니다. 설계도를 가지고 집을 짓는 것과 설계도도 없이 벽돌부터 쌓는 것의 차이와 같습니다. 자동차의 부품 이름과 작동원리를 익힐 때, 운전을 할 줄 알면서 익히는 것과 운전도 못 하면서 익히는 것의 차이를 생각해볼 수도 있습니다. 상향식 학습은 아주 높은 수준의 기억력과 사고력을 필요로 합니다. 우리나라에서도 하향식 학습이 되려면 '말하는 법'을 먼저 가르쳐야 합니다. 그러려면 가장 기초적인 문장을 구사하는 능력부터 길러줘야 하는데, 그것은 생각보다 어렵지 않습니다. 파닉스와 문법을 몰라도, 쉬운 단어 조금만 알아도 익힐 수 있습니다.

적어도 초등까지는 아이들의 뇌가 고등사고력을 발휘할 만큼 충분히 발달하지 않은 단계이기 때문에, 단순 암기와 분석적인 사고를 많이 해야 하는 상향식 학습 방식으로 영어를 배우게 되면 학습효율도 크게 떨어지지만, 정서적인 부작용으로 자칫 평생 영어를 두려워하고 기피하게 되는 수가 있습니다. 과학적으로 잘못된 지식으로 시키는 단어 공부, 문법 공부, 파닉스 공부는 아이의 뇌를 망가뜨립니다. 또, 아동발달을 고려하지 않은 강압적 교육은 아이의 정신을 무너뜨리고, 부모와의 관계마저 깨뜨려 자칫 돌이키기 어려운 심각한 상황으로 몰아갑니다.

이 책은 어린 자녀가 스트레스를 덜 받으면서 영어학습의 효과는 높일 수 있는 방법을 제공하려는 의도로 쓴 것입니다. 요즘에는 대부분 공교육에서 시작하는 초3보다 더 이른 시기에 영어를 시키므로 부모가 먼저 아이들의 영어교육에 영향을 미칩니다. 부모가 직접 가르치기도 하고, 사교육을 시키더라도 어떤 곳에 보낼지 부모가 결정합니다. 하지만 영어교육과 관련하여 너무 많은 사람들이 인지심리학과 아동심리학에 역행하는 그릇된 고정관념들을 가지고서 아이들을 잘못 이끌어가고 있습니다. 언어학을 전공하고 영어교육을 가르쳐온 교수로서 꽤 오랫동안 많은 초등교사, 사교육 종사자, 학부모를 만나온 경험을 바탕으로 쓴 이 책이 아이와 부모 모두의 성공을 위한 가이드가 되길 바래봅니다.

끝으로, 이 책은 제가 2022년 8월에 내놓은 『나의 초등영어교육 접근법』(한국문화사)의 학부모 버전이라고도 할 수 있습니다. 그 책이 초등교사를 대상으로 썼기 때문에 덜어낸 내용도 꽤 있고, 부모를 위해 풀어쓰고 최대한 많이 알려주려는 욕심으로 추가한 내용도 많습니다. 그래서 필요에 따라 두 책이 서로 참고가 될 수 있습니다. 그중에서 특히, 제가 개발한 주목초점 4문형 학습법에 대해서 좀더 알고 싶으시면 앞선 책의 관련 내용을 참고하시면 됩니다.

## 감사의 글

　집필을 하면서 아이의 부모가 언어학을 포함한 인지심리학과 아동심리학에 대해 거의 모른다는 것을 전제로 글을 쓰기가 쉽지 않았다. 어느 저명한 학자가 과학의 대중화보다는 대중의 과학화가 중요하다고 하였다. 우리 모두가 과학적으로 생각하는 습관을 갖는 것이 중요함을 강조한 말일 것이다. 크게 공감하지만 그렇게 하려면 어렵지 않게 이해할 수 있도록 써야 하는데, 최대한 노력은 하고 있었지만 잘하고 있는 건지 나 스스로 판단하기가 어려웠다.

　마침 초등 1학년과 5학년 두 아이를 둔, 교사가 아닌 순수한 엄마가 우리 대학원 초등영어교육과에 들어와서 내 수업을 듣게 되었다. 그렇게 임보영 선생님을 만난 건 나에게 큰 행운이었다. 다행히 내 수업 내용에 대해서 큰 흥미를 보이고 공감도 많이 해주기도 해서 감수를 부탁드렸는데, 감수뿐만 아니라 귀중한 경험과 사례들까지도 공유를 해주었다. 덕분에 가독성이 크게 높아지고 내용도 더욱 풍부해질 수 있었다. 깊이 감사드린다.

아쉽게도 경기도로 옮겨간 초등교사이자 아끼는 제자인 권다영 선생이 이번에도 전체적인 구성의 적절성과 내용의 충실성을 잘 살펴봐준 덕분에 중요한 보완을 할 수 있었다. 참으로 고마운 마음 전한다. 또, 아끼는 대학 후배인 정원철 박사가 고맙게도 내용의 흐름을 검토하여 좀 더 자연스럽게 전개되도록 도움을 주었다.

끝으로, 여전히 나의 건강을 염려하며 기꺼이 뒷바라지를 해주는 사랑하는 아내 김유경 님께 다시 한없는 고마움을 표한다.

## 차례

추천사 / 5
머리말 / 7
감사의 글 / 11

### Part 1
### 제발, 단어 공부 좀 시키지 말아주세요!

**제1장 말은 단어가 아니라 생각의 단위로 만들어진다** · 20

    1. 단어가 모여서 문장이 된다는 생각부터 버려라 · 22
    2. 말은 생각의 표출이고, 생각의 단위가 따로 있다 · 23
    3. 단기기억의 원리: 단어 조합으로는 처리 못 한다 · 26
    4. 단어들을 덩어리로 묶어야 처리용량이 커진다 · 30

**제2장 단어는 문장 만드는 법을 알려주지 않는다** · 35

    1. 단어는 관계 속에서 비로소 문법을 갖게 된다 · 36
    2. 아이들은 이미 문장 처리능력을 갖고 있다 · 38
    3. 잠재의식이 작동해야 잘 익혀진다 · 40
    4. 잘 못하는 아이라고 단어로 내려가면 절대 안 된다 · 44
    5. sight words는 없다! 제발 청크로 익혀줘라 · 46
    6. 벽에 단어 카드 붙이지 않기: 문장을 붙이자 · 54
    7. 단어와 문법에 대한 고정관념이 바뀌어야 한다 · 55

**제3장 문장을 만들 때 머릿속에서 벌어지는 일** · 59

    1. 어순의 의미: 그저 단어들의 순서? · 60

    2. 더 중요한 어순의 의미: 구(생각단위)의 순서 · 63

    3. 한국어와 영어의 구 조합 순서 차이 · 69

    4. 구순감각과 정보구조: 'Think in English' · 73

**제4장 동사중심 학습이 중요하다** · 87

    1. be 동사부터 말고, 타동사부터 익히게 하자 · 88

    2. 유사한 의미의 동사는 유사한 구조를 취한다 · 90

    3. 동사 대체활동으로 문장생성감각을 키우자 · 93

    – Highlights · 97

---

**Part 2**
**4문형 패턴 학습으로 문법감각 먼저 길러주세요**

**제1장 문법지식이 아니라 문법감각이 중요하다** · 100

    1. 진정한 영어학습의 시작은 언제부터일까? · 101

    2. 영어권과 우리나라는 학습환경이 완전히 다르다 · 105

    3. 성취감을 빨리 맛보아야 흥미가 생긴다 · 108

**제2장 문법은 추상화다** · 109

    1. 문법은 원래 어려운 것이다 · 109

    2. 문법책 지식으로는 유창하게 말할 수 없다 · 111

    3. 문법은 추상화 작업의 산물이다 · 114

    4. 문법용어들의 함정에 빠지면 안 된다 · 117

    5. 제3형식 기반으로 작명된 주어, 동사, 목적어 · 120

6. 문법감각은 어린이도 쉽게 기를 수 있다 · 125
　　7. 문법감각의 시작은 패턴 인식이다 · 127
　　8. 패턴 습득이 먼저인 증거: 과잉일반화 · 129

제3장 **문법 없는 문법지도: 4문형 패턴 학습** · 133
　　1. 패턴의 시작은 '묻고 답하기'다 · 134
　　2. 묻고 답하는 4문형의 매우 단순한 패턴 · 135
　　3. 목적어/보어는 중요하지 않다: 주목의 초점 · 140
　　4. 4문형으로 묻고 답하는 대화문 활용하기 · 148
　　5. 문형에 주목하게 하는 4개의 사인(sign) · 151
　　6. 규칙 자체보다 사용 이유를 먼저 이해하게 하자 · 154
　　7. 대조적 4문형 대화문을 활용한 시제 비교활동 · 157
　　8. 음악을 활용한 4문형 학습 · 160
　　9. 4문형 학습은 청크 단위로 듣게 해준다 · 166
　　－ Highlights · 170

## Part 3
### 우리에겐 맹점투성이 파닉스, 낭독으로 뛰어넘자

제1장 **꼭 파닉스부터 해야 할까?** · 172
　　1. 파닉스를 해야 읽을 수 있다? · 173
　　2. 악명 높은 영어의 불규칙한 철자-소리 관계 · 175
　　3. 영어 파닉스가 개발된 이유는 높은 문맹률 때문 · 180
　　4. 영어 파닉스는 모국어 학습자를 위한 것이다 · 182
　　5. 발음지도의 최소대립쌍 활동이 파닉스보다 낫다 · 187

**제2장 파닉스보다 중요한 낭독(Read-Aloud)** · 194

   1. 파닉스 규칙을 모르는 것이 오히려 낫다 · 194

   2. 모국어로 익힌 감(感)을 활용하자 · 197

   3. 낭독은 영어학습의 만능키다 · 200

   4. 읽을거리는 '아이에게' 재밌어야 한다 · 202

   5. 스토리 읽기는 반드시 하향식(top-down)으로 · 204

   6. 낭독할 때 주의할 것들 · 207

**제3장 손쉽게 떼는 알파벳: 생활 속 알파벳 활용** · 213

   1. 아이들은 알파벳을 이미 거의 다 알고 있다 · 214

   2. 알파벳 쓰기는 미술시간처럼 · 222

     – Highlights · 225

## Part 4
### 아이와 부모가 함께 성공하는 영어교육을 위하여

**제1장 어린이 영어는 '공부'가 망친다** · 228

   1. 꿈을 키워주면 스스로 한다 · 230

   2. 어릴 때 영어를 시작할수록 빨리 배운다? · 234

   3. 공부시키는 곳 말고 영어와 재밌게 노는 곳에 보내라 · 235

   4. 재미있을 때 감이 잘 익혀진다 · 239

   5. 잘못된 정성이 아이의 흥미를 죽인다 · 241

   6. 어린아이들에겐 하향식 접근이 최선이다 · 243

   7. 기본을 살피고, 기본으로 돌아갈 줄 알아야 한다 · 247

   8. 더 잘하는 아이들이 있는 곳에 함부로 보내지 마라 · 250

9. 말 잘하는 아이가 영어도 잘할 수 있다 · 252

10. 외국어에 특혜를 주면 모국어가 약해진다 · 256

**제2장 제발 사춘기까지만이라도 진정한 배려를.... · 260**

1. 말 잘 듣는 아이를 조심하라 · 260
2. 어려서 하는 과도한 '공부'는 뇌를 망가뜨린다 · 263
3. 아이들은 때가 되어야만 이해하는 것들이 있다 · 264
4. 강압적으로 공부시켜서 성공했다? · 268
5. 아이에 대한 존중으로 아이와 부모 모두 성공하자 · 272
6. 마무리: 숲을 먼저 보고 나무를 보자 · 276

   - Highlights · 278

집필 후기 / 279

# Part 1

제발,
단어 공부 좀 시키지 말아주세요!

제1장　　**말은 단어가 아니라
생각의 단위로 만들어진다**

영어를 시작하면 단어를 많이 외워야 하고, 단어를 많이 알면 말도 잘하게 될 거라고 생각하는 사람들이 참 많다. 그럴 수 없는데, 영어를 시작하면서 단어부터 많이 외우는 것은 가장 안 좋은 방법인데, 어쩌다 이런 착각을 하게 되었는지 안타깝다.

　과거 교양영어를 가르칠 때 "How are you?"로 간단한 실험을 한 적이 있다. "'너 요즘 어떻게 지내?'가 영어로 어떻게 되죠?"라고 하자 망설임 없이 이 대답이 나왔다. 그래서 "자, 그럼 남자라고 치고 '쟤는 요즘 어떻게 지내니?'를 영어로 하면 어떻게 되죠?"라고 물었다. 그러면서 속으로 초를 세었다. 정적이 흘렀고 누군가의 입에서 "How is he?"라는 대답이 나오기까지 3초 정도가 걸렸다. 교양영어 수업을 맡은 반마다 해봤는데 다 마찬가지였다. 당시 교육대학교는 인기가 하늘 높은 줄 몰라서 입학생 수준이 거의 전국 최고에 달해 있을 때였다. 그런데 이 간단한 문장 하나 말하는 데 3

초 정도를 머뭇거린 것이다.

그럼 왜 'How are you?'는 0.1초 만에 나오는데 'How is he?'는 3초씩이나 걸렸던 걸까. 'How are you?'는 워낙 잘 알고 많이 쓰다 보니 하나의 덩어리로서 기억에 입력되어 있지만, 그동안 사용해본 적이 없는 'How is he?'는 갑자기 세 개의 단어를 우리말 문법과는 다른 영어 문법에 맞춰 조합해서 내보내야 했기 때문이다. 단어를 하나하나 조합해서 문장을 만들어 내보내게 되면 늦어질 수밖에 없다.

영어를 전혀 못한다는 사람들도 'Thank you.', 'I love you.' 'Happy birthday to you.' 같은 말은 쉽게 할 줄 안다. 그것은 단어를 조합해서 문장을 만드는 것이 아니라 그냥 각 문장을 통째 하나의 덩어리로 저장하고 마치 단어 한 개를 내보내듯 말하기 때문이다. 또한 통째로 기억하고 있기 때문에 원어민이 말할 때 곧바로 알아듣는다. 우리말에서 한 문장이 하나의 덩어리로 기억되는 대표적인 예가 '가는 말이 고와야 오는 말이 곱다.' 같은 속담이다. 결국 단어가 아니라 표현 덩어리가 많이 쌓여야 말을 잘하게 된다.

영어학습과 관련하여 위 예시는 단순하지만 중요한 의미가 있다. 첫째는, 단어를 문법에 맞춰 하나씩 조합해서는 유창한 발화가 불가능하다는 것이다. 둘째는, 영어학습을 처음 시작하는데 아이에게 단어를 서둘러 많이 외우게 하려는 어른들의 시도는 전혀 효과적이지 못하고 오히려 부작용을 일으킬 수 있다는 것이다. 왜 그러한지 이해하려면 인지과학을 조금 알아야 한다. 넓고 깊은 이해가 아니라 거의 상식수준의 인지과학만 알아도 크나큰 시행착오를 피할 수 있다.

## 1. 단어가 모여서 문장이 된다는 생각부터 버려라

단어가 모여서 문장이 되고, 영어를 배우기 시작하면 단어를 부지런히 외워야 하고, 단어를 많이 알면 영어로 문장을 만들고 말을 할 수 있을 거라는 생각이 우리나라의 영어교육을 망친다. 특히, 연령과 관계없이 영어학습을 처음 시작하는 사람들로 하여금 첫 단추부터 잘못 끼우게 만든다.

사람들이 단어를 조합하여 문장을 만든다고 생각하게 된 데는 여러 가지 이유가 있을 것이다. 먼저, 눈에 보이는 단어들의 시각효과에 속아서 생긴 고정관념을 들 수 있다. 글로 된 영어 문장들을 보면 단어들이 결합하여 문장이 된 것으로 보일 수밖에 없다. 단어들이 간격을 두고 나열되어 있으니 단어들이 모여서 문장이 된다고 생각하는 것이 전혀 불합리해 보이지 않는다.

문법책들도 한몫 거든다. 단어의 품사들을 일찍부터 가르친다. 그리고 문장은 주어, 동사, 목적어 등으로 구성된다는 것을 가르친다. 의문문, 부정문 만드는 법을 가르치고 나아가 능동태, 수동태,

가정법 등을 가르치는데, 모든 설명이 단어들의 나열과 위치 변화 그리고 형태 변화에 초점이 맞춰져 있다. 그 설명 자체가 틀린 것이 아니라 이런 식의 설명이 자칫 학습자들로 하여금 문장을 만드는 과정에 대해 온통 단어중심의 사고를 하게 만드는 게 문제다.

단어중심 사고를 하는 부모는 아이가 단어를 외우고 문법을 배워야 왠지 마음이 놓인다. 또, 학원에 대해서는 일단 단어를 많이 외우게 하는 것이 필수조건이라고 생각한다. 아이는 아직 한참 어리건만 부모에겐 멀지 않아 보이는 대학입시 생각도 작용할 것이다. 게다가 주변사람들이 다 하는데 나만 안 하고 있다는 것도 불안해서 견디기 쉽지 않은 일이다.

실상은 매우 다르다. 말은 단어를 조합해서 내보내는 것이 아니다. 또, 영어 문장 만드는 법은 우리말과 매우 달라서 단어를 알아도 문장을 바르게 만들 수 없고, 문법을 좀 알아도 그 지식만으로는 단어들을 신속하게 조합해서 유창하게 입 밖으로 내보내지 않는다. 뇌과학적으로 불가능하다.

## 2. 말은 생각의 표출이고, 생각의 단위가 따로 있다

여러분이 아래의 문장을 천천히 읽거나 말한다면 어떻게 할까? 본말과 조사까지 나누지는 않더라도 (1)에서처럼 단어를 하나하나

끊어서 말할까, 아니면 (2)에서처럼 단어를 몇 개씩 묶어서 말을 할까?

"많은 사람들이 단어가 모여서 문장이 된다고 생각한다."
(1) 많은 / 사람들이 / 단어가 / 모여서 / 문장이 / 된다고 / 생각한다.
(2) 많은 사람들이 / 단어가 모여서 / 문장이 된다고 / 생각한다.

아무리 천천히 한다고 해도 틀림없이 (2)처럼 묶어서 읽거나 말을 할 것이다. (1)처럼 읽거나 말하면 매우 부자연스럽게 들린다. '말' 같지 않다. 실제로 우리 뇌는 그렇게 말을 만들지 않는다. 그런 식으로는 유창하게 말을 하는 게 불가능하다.

말은 우리가 가진 '생각'을 표출하는 수단이다. 따라서 말은 단어들이 하나하나 결합해서 만들어지는 것이 아니라, '생각단위<sup>thought group</sup>'라고 부르는 덩어리가 결합하여 만들어진다. 위 (2)에서 문장을 나눈 것은 생각을 가장 작은 단위로 나눈 것이다. 빗금 ' / '은 곧 '생각의 마디'를 표시한 것이다. 모국어를 구사하는 사람들은 생각단위의 크기를 쉽게 키울 수 있다. 예를 들어, 위 문장에서 '단어가 모여서 문장이 된다고'를 묶어서 한 단위, 즉 한 호흡에 읽거나 말할 수도 있다.

이번에는 영어 문장을 예로 들어보자.

(1) Charlie / played / soccer / with / his / friends / at / the / playground / this / morning.

(2) Charlie played soccer / with his friends / at the playground / this morning.

총 11개의 단어로 이루어진 이 문장을 말로 하는데 (1)처럼 단어를 하나하나 결합시키는 방식으로 처리한다고 생각해보라. 과연 유창하게 말할 수 있을까. 절대 안 된다. 그럼 생각단위로 나누어 (2)처럼 말해보자. 그렇게 나누니까 네 개의 덩어리가 되었다. 그럼으로써 11개의 단어로 된 문장을 마치 단어 네 개짜리 문장을 말하듯이 쉽게 말하게 된다. 우리가 말을 하는 기본적인 방식은 이런 모습이다. 단어를 차례대로 내보내는 것이 아니라 생각의 마디를 기본 단위로 해서 한 덩어리씩 내보내는 것이다. 이렇게 해야 쉽고 유창하게 말할 수 있다. 그리고 유창성이 높아질수록 각 생각단위의 생성 속도도 빨라지고, 여러 단위를 더 큰 하나의 덩어리로 묶음으로써 단위의 크기를 키울 수도 있게 된다.

이제 단어를 조합해서 문장을 만든다고 생각하는 것, 나아가 영어를 시작하는 아이에게 단어 공부를 많이 시키는 것이 왜 비과학적이며 심각한 부작용을 낳을 수 있는지 조금 더 구체적으로 이야기를 해보겠다.

### 3. 단기기억의 원리: 단어 조합으로는 처리 못 한다

우리가 주고받는 말은 두뇌의 기억체계에서 처리된다. 말을 들으면 단기기억short-term memory에서 처리를 하여[1] 장기기억long-term memory으로 넘어가게 되고 저장된다. 말을 할 때는 장기기억에서 언어 데이터를 가져와 단기기억에서 처리하여 입 밖으로 내보내게 된다. 현재 우리가 사용하고 있는 컴퓨터는 인간의 기억체계를 본떠 만든 것이다. 우리가 메모리라고 부르는 것이 사람의 단기기억을, 하드드라이브는 장기기억을 본뜬 것이다.

단기기억으로 들어온 언어를 만약 제시간에 미처 다 처리를 못 하면 장기기억으로 데이터를 넘기지 못해 기억에서 사라진다. 혹시 영어 원어민의 말을 듣고 그 순간에는 분명 알아들었는데 기억이 나지 않은 경험을 한 적 있는가? 했다면 바로 단기기억을 경험한 것이다. 순간적으로 알아듣기는 하였지만 미처 저장 버튼을 누르지 못해서 장기기억으로 넘어가지 못하고 데이터가 날아가버린 것이다. 단기기억은 언어가 처리되는 곳이라는 점에서 기억 메커니즘 중에서 가장 중요하다. 대신 장기기억은 여기에 표현 덩어리생각단위 데이터가 많을수록 단기기억에서의 처리속도를 높이고 표현의 다양성도 보여줄 수 있다는 점에서 중요성을 갖는다.

---

[1] 기억만 하지 않고 처리를 한다는 의미에서 '작업기억(working memory)'이라는 용어가 더 적합하지만, 일반인들에게는 단기기억이 익숙하기 때문에 계속 이 용어를 사용하겠다.

단기기억 메커니즘에서는 무엇보다도 기억의 용량에 대해 잘 이해하는 것이 중요하다. 영어학습을 시작하며 단어에 집중하는 것이 왜 비효율적이고 해로울 수 있는지 명확하게 알려주기 때문이다.

여러분은 단기기억과 관련하여 '7±2'라는 숫자를 들어본 적이 있는가? 정확하게는 '7±2단위units'로, George A. Miller라는 인지과학자가 1956년에 제시한 단기기억 용량이고 가장 널리 알려진 수치다. 우리가 단기로 기억하거나 처리할 수 있는 용량이 다섯 단위에서 아홉 단위 사이라는 것이다. 그럼 아래의 일곱 개 숫자를 암기해보자.

6 4 1 8 9 3 2

그냥 단순하게 나열된 숫자들을 외우려 하면 생각보다 쉽지 않다. 또 당장은 외웠다 하더라도 기억에서 오래가지 않는다. 만약 여러분 중에 쉽게 외운 사람이 있다면 아마 아래처럼 세 자리와 네 자리로 나누어 외웠을 것이다.

641 8932

실제로 이렇게 외워야 쉽게 외울 수 있다. 이렇게 하면 열 개의 숫자도 비교적 쉽게 외울 수 있다. 아래의 두 가지 숫자 배열을 암기 관점에서 어느 쪽이 외우기 쉬울지 비교해보라.

5706418932
570 641 8932

현재 가정집이나 사무실 전화번호는 보통 일곱 자리인데, 단기기억 용량의 숫자 7에 근거해서 그렇게 정해졌다고 한다. 사실 단기기억의 백미는 전화번호 숫자를 세 개와 네 개로 나누는, '다시'라 부르는 dash의 일본식 발음 작은 선이라고 할 수 있다. 그냥 작은 선 하나 넣었을 뿐인데 세상의 모든 사람들이 일곱 개짜리 숫자를 마치 두 개짜리 숫자 외우듯이 쉽게 외운다. 사람들에게 일곱 개의 숫자를 외울 때는 세 개와 네 개로 나누어 외우라고 요령을 알려줄 필요가 없다. 설명하지 않고 자연스럽게 행동을 유도하는 정말 멋진 심리학적 발견이다. 요즘 말하는 일종의 넛지효과 nudge effect라고 할 수 있는데, 작은 선 하나로 인해 무의식중에 일곱 단위를 두 단위로 줄여서 쉽게 기억하게 하는 효과가 있는 것이다. 이렇게 두 덩어리 단위로 나누어 외우는 것은 마치 우리가 마트에서 장을 본 후 짐이 일곱 개인데 손은 둘밖에 없어 한꺼번에 들고 갈 수가 없을 때, 큰 봉투 두 개에 나눠 담거나 끈으로 묶어 두 뭉치로 만들면 들고 갈 수 있는 것과 비슷하다.

한편, 2000년에는 Nelson Cowan이라는 학자가 단기기억 용량으로 '4±1단위'라는 수치를 제시하였다. 즉, 세 단위에서 다섯 단위 사이라는 것이다. 그런데 Miller는 산술적 평균으로서 50% 확률의 처리용량을, Cowan은 100% 확률의 처리용량을 제시하였으므로 Miller의 7±2와 Cowan의 4±1은 사실상 같은 주장이라고 보는 시각도 있다. 하지만 Miller의 수치에서는 5~9단위로 폭이 너무 커서 설득력이 다소 떨어지고, 다양한 단기기억 활동에서 상대적으로 일관되게 나타나는 한계수치가 4±1이라는 점에서, 지금은 Cowan의 수치가 더 설득력을 얻고 있다.

한 가지, 많이 알려진 놀이로 <시장에 가면>이라는 게임이 있다. 첫 번째 사람이 "시장에 가면 사과도 있고" 하면 두 번째 사람이 "시장에 가면 사과도 있고, 오렌지도 있고", 다음 사람이 "시장에 가면 사과도 있고, 오렌지도 있고, 감자도 있고", 이런 식으로 계속 이어가는 게임이다. 그런데 이 게임을 시켜보면 대개 네 번째 사람이 틀린다. 다섯 번째는 거의 다 틀린다고 보면 된다. 일부러 연습을 많이 하지 않는 이상 그렇다. 학생들에게 시켜보았을 때도 그랬고, 티브이 등에서 하는 걸 봤을 때도 그랬다.

영어학습 측면에서도, Cowan의 4±1단위가 단기기억의 용량으로서 보다 현실적이라고 할 수 있다. 좀 오래전 일이지만 학교에서 필자가 가르치는 반마다 실험삼아 영어 문장 받아쓰기를 시켜본 적이 있다. 단기기억과 듣기 말하기의 관계를 직접 보여주기 위한 시도였다. 의도적으로 모르는 단어가 없는 아주 쉬운 문장들을 들려주고 받아쓰게 하였다. 학생들은 받아쓰기 연습을 별로 해보지 않았는지 귀가 단어를 쫓아가는 경향을 보였고, 그런 학생들은 한 번에 네 단어 이상 받아적지 못하였다.

학술적인 연구로, 미국에서 수입된 한 영어 교재에 들어있는, '외국어로서 영어 ESL; English as a Second Language'교수법을 주제로 한 담당 교수의 강의 녹취 일부를 직접 분석해본 적도 있다. 교수의 발화를 호흡과 생각단위를 기준으로 분석했었는데, 사실상 모든 발화가 4단위 이하였다.

결론적으로, 사람은 4±1단위라는 다소 초라해 보이는 처리용량으로 말을 유창하게 하고 알아듣고 있다고 할 수 있다. 그렇다면 우리는 이 4±1단위라는 처리용량을 활용하여 말하고 듣는 법을 익혀야 한다. 그렇지 않으면 유창하게 말을 할 수도 잘 알아들을 수도 없다.

## 4. 단어들을 덩어리로 묶어야 처리용량이 커진다

그럼 어떻게 4±1단위라는 작은 용량으로 유창하게 말을 하고 알아들을 수 있을까. 이렇게 할 수 있으려면 각 단위의 '크기'를 키워야 한다. 키워야 처리할 단위의 '수'가 줄어든다. 크기를 키우려면 단어들을 덩어리로 묶어야 한다. 만약 단어 하나하나를 각각 한 단위로 취급하게 되면 유창한 영어는 영원히 불가능하다. 뇌과학적으로 불가능하다는 말이다. 유창성은 기껏해야 다섯 단어 이하의 아주 짧은 문장을 말하는 정도에서 그칠 것이다.

단위는 크기가 고정된 것이 아니다. 연습으로 아주 크게 키울 수 있다. 앞에서 언급한 'I love you.', 'How are you?'는 세 개의 단위를 조합해서 내보내는 게 아니라 단 하나의 덩어리로 머릿속에 저장되어 있고, 한 단위로 한 단어처럼 말하는 것들이다. 또, 영어를 배우기 시작하면 곧장 입에 달라붙어서, "How are you?" 하고 물었을 때 하나같이 답하는 'I'm fine. Thank you. And you?'도 덩어리로 입에서 나오게 된다. 그래서 막힘이 없다. 그런데 만약 단어를 조합해서 말을 한다면 서너 단어 정도로 만들어진 문장은 그럭저럭 말할 수 있겠지만 여섯 단어, 아홉 단어, 혹은 그 이상의 단어로 된 문장이라면 상황이 완전히 달라진다. 당연히 힘들어지는데, 일상적인 영어 대화에서 이렇게 많은 단어로 구성된 문장은 아주 흔하다. '이번 여름방학에 뭐 할 거야?' 같은 흔한 질문만 하더라도 'What are you going to do during the summer vacation?'으로 열 단어다. 어느 초등영어 교과서에 나오는 대화문 중에는 'She can see us every day in the pictures.' 같은 아홉 단어짜리 문장도 있다.

서두에서 생각단위에 대해서 간단하게 소개를 했었는데, 이제 구체적으로 뇌 속에서 말이 어떻게 생각단위로 처리되는 건지 아래 문장을 가지고 살펴보자.

I play board games with my brother in my room every Saturday.

이 문장은 총 12개의 단어로 되어있다. 4±1단위의 단기기억 용량으로 어떻게 하면 이 문장을 쉽게 처리하여 유창하게 말할 수 있을까? 생각단위를 기준으로 문장을 몇 개의 작은 덩어리로 나누면 된다. 영어교육에서는 하나의 완전한 문장을 청크 단위의 묶음으로 나누는 것을 청킹 chunking이라고 한다. 그리고 이렇게 나눈 덩어리를 청크 chunk라 부르는데, 하나의 청크는 한 단위의 정보 a piece of information이며 하나의 생각단위이다. 문장의 청킹은 기본적으로 생각단위를 기준으로 한다. 우리가 말을 한다는 것은 생각을 표현하는 것이고 따라서 생각의 단위에 맞춰 말을 하기 때문이다. 그리고 흔히 이 단위를 기준으로 호흡을 하거나 리듬을 형성하게 된다. 위 문장을 생각단위로 나누어보면 아래와 같다.

I play board games / with my brother / in my room / every Saturday.

생각단위로 나누니까 총12개의 단어로 된 문장이 네 개의 청크로 줄었다. 이제 단기기억 용량으로 처리가 가능해졌고 따라서 유창하게 말하는 것 역시 가능해졌다. 또한, 각 단위를 개별적으로 살펴보면 문장 전체를 보는 것과 다르게 훨씬 쉽다는 느낌이 들 것이다. 어린아이들도 조금만 하면 할 수 있지 않을까 라는 생각까지도 들 수 있다.

 이러한 생각단위의 발화 특성은 노래를 통해서도 실감할 수 있다. 모든 노래가 기본적으로는 생각단위를 기반으로 하지만, 그 중에서 쉬운 노래로 스웨덴의 전설적인 뮤지션 그룹인 ABBA의 <I have a dream>이라는 노래를 들어보길 권한다. 노래 1절만 소개하면 아래와 같다. 물론 노래에서 생각단위는 작곡가나 가수의 기준에 따라서 약간 달라질 수 있다.

  I have a dream, / a song to sing
  To help me cope / with anything
  If you see the wonder / of a fairy tale
  You can take the future / even if you fail
  I believe in angels
  Something good in everything / I see
  I believe in angels
  When I know the time / is right for me
  I'll cross the stream / I have a dream

흔히 'I have a dream'처럼 덧붙이는 말 없이 '주어-동사-목적어/

보어'로만 이루어진 문장을 '최소문장minimal sentence'이라 부른다. 생각단위에는 이런 최소문장 뿐만 아니라 'of a fairy tale'같은 전치사구, 'If you see the wonder' 같은 부사절도 있고, 생각단위를 더 쪼갤 수는 있지만 한 단위로 다루어진 'I believe in angels' 같은 형태 등 다양하게 나타난다. 무엇보다 주목할 것은, 말은 이처럼 청크로 발화되는 것이지 단어를 하나씩 내보내는 것이 아니라는 점, 그리고 이렇게 청크로 발화되어야 단위 수가 줄어들어 문장이 단기기억에서 쉽게 처리되고 유창한 발화가 가능해진다는 점이다. 여러분이 이 노래의 가사를 전부 외워서 부른다고 가정해보라. 하나의 생각을 이루는 청크가 아닌, 마치 가공되기 전 원재료와 같은 단어들만을 외워서 부르는 게 가능할까? 기억천재가 아니라면 모를까 거의 불가능하다.

| 제2장 | 단어는 문장 만드는 법을
알려주지 않는다 |
|---|---|

영어학습 초기부터 단어 암기에 초점을 맞추어서는 안 되는 또 하나의 근거는 단어 속에는 문장을 만드는 법, 즉 문법 정보가 들어있지 않다는 사실이다. 예를 들어, 영어에서 말 만드는 법은 한국어와 크게 다른데, 영어학습을 시작하는 사람이 제일 먼저 부딪히는 문제가 문장에서 단어들이 조합되는 순서, 즉 어순 word order 의 차이다. 그런데 단어 자체는 그 순서에 대해서 아무것도 알려주지 않는다. 결국 영어의 문장 만드는 법을 먼저 알아야 단어들을 적절하게 사용할 수 있는 것이지, 단어만 많이 외운다고 영어 문장이 저절로 만들어져 나올 수는 없는 것이다. 물론 손짓 발짓을 섞어서 단어 몇 개로 의사소통이 될 수도 있지만, '말'을 하고 싶다면 영어를 처음 시작할 때부터 문장을 익히는 습관을 들여 구조감각을 길러야 한다.

단어를 익히지 말라는 것이 아니다. 어느 단계를 지나면 당연히 많이 알수록 좋다. 하지만 영어를 시작하면서 단어부터 빨리 익혀야 한다거나 단어만 많이 알면 다 해결된다는 생각은 매우 비과학적이고 위험한 착각이다. 사용할 구조(틀)를 먼저 익히고 단어를 외워야 한다. 그래야 단어를 익힐 때 구조적 쓰임새를 알고 익히는 하향식 top-down 학습이 된다. 쓰임새도 모르는 단어를 많이 외우는 상향식 bottom-up 학습은 어린이들에게는 너무 힘들다. 또, 영어학습 초기부터 단어 암기에 중점을 두면, 말을 할 때도 단어들을 하나하나 조합해서 문장을 만들고, 듣기를 할 때도 귀가 단어를 쫓아가는 단어중심의 습관이 강하게 형성된다. 이렇게 되면 앞서 보았던 단기기억의 작동원리 측면에서 유창한 발화와 듣기의 길은 멀어지고 좌절의 가능성도 커진다. 어느 단계에 가서는 단어를 많이 익혀야 하는 게 맞지만, 단어부터 많이 알아야 말을 잘하는 것은 절대 아니라는 점, 문장생성감각을 먼저 익혀야 말을 잘할 수 있다는 점을 꼭 기억해야 한다.

### 1. 단어는 관계 속에서 비로소 문법을 갖게 된다

단어는 개별적으로는 문법정보가 없지만 모여서 서로 관계를 형성하면 문법이 생겨난다. 단어들이 모인 생각단위 청크에는 문법정보가 들어있다. 전치사구만 하더라도, 후치사구인 우리말과는 어순이 반대이다on - the desk vs. 책상 - 위에. 전치사가 있으면 뒤에 명사구가 따라와야 한다. 명사가 추상명사가 아니라 일반명사라면 단수인지 복수인지가 표시되어야 하고, 단수라면 부정관사 'a/an'이 오거나 정관사 'the' 혹은 소유격 대명사 같은 것이 오게 된다. 복수라면 명사에 -s/-es가 붙고 정관사나 소유격 대명사 등이 같이 올 수도 있다. 이처럼 단어들이 관계를 형성하여 생각단위의 청크가 되면 예상외로 많은 문법정보를 갖게 된다. 청크가 장기기억에 많이 쌓이게 되면 잠재의식에서 구조적 패턴을 파악하게 되고 나아가 문법감각이 발달한다. 따라서 영어로 말을 잘하고 싶다면 100개의 단어를 외우는 것보다 10개의 문장을 유창하게 구사할 줄 아는 것이 훨씬 낫다. 또, 이렇게 문장을 구사할 줄 알면서 단어를 외우면 암기의 효율도 훨씬 더 올라간다.

  과거에 단어를 많이 외우고 문법과 번역 위주의 공부를 하던 시절이 있었다. 하지만 그렇게 문법을 많이 앎에도 불구하고 말을 잘하는 사람이 흔하지 않았다. 그래서 영어 공부를 10년이나 했는데도 말 한마디 제대로 못 한다며 우리나라 영어교육의 가장 심각한 문제로 지적되곤 했었다. 그런데 만약 1주일에 단 한 문장씩이라도 유창하게 말할 수 있게 입으로 익혀왔다면 10년에 520문장을 익혔을 것이고, 두 문장씩 익혔다면 1,040문장을 구사할 수 있었을 것이다. 이렇게 했다면 그렇게 말을 못 할 수가 없고, 그렇게 듣기가 안 될 수가 없다. 문법은 지식으로만 익히고, 단어는 그야말로 단어로만 암기하고, 입으로 문장들을 익히고 만들어내는 연습을 하지 않았기 때문에, 말을 잘할 수 있게 해주는 잠재의식의 메커니즘이 제대로 작동을 하지 못했던 것이다.

## 2. 아이들은 이미 문장 처리능력을 갖고 있다

사람은 태어나서 서너 살만 되어도 말을 제법 잘한다. 언어처리 능력이 문장차원으로 올라왔다는 얘기다. 단어를 먼저 많이 가르쳐서 문장차원으로 올라간 것이 아니다. 말을 전혀 하지 못하는 갓 태어난 아이에게도 끊임없이 말을 걸고 대화를 나누는, 문장차원의 언어입력을 제공하였기 때문에 일찍부터 말을 할 줄 알게 된 것이다. 물론, 신체발달 상 아기가 처음부터 문장으로 말하는 건 아니고 한 단어짜리 말로 시작한다. 하지만 아이가 말을 아직 잘 못 할 때에도 단어들이 결합하여 구<sup>phrase</sup> 등 더 큰 단위를 이룬다는 점에 민감해지지 않으면 안 된다. 예를 들어, 아이가 어느 때가 되면 말은 거의 못 해도 'The big bear hugged the baby bear.<sub>큰 곰이 아기 곰을 껴안았다.</sub>'라는 말을 알아들을 수 있는데, 그것은 단어들이 무작위로 결합한 것이 아니라 'the big bear'와 'the baby bear'가 하나의 단위를 형성하고 있다는 것을 감각적으로 알고 있다는 증거다. 이것은 아주 일찍부터 단어들의 결합에 민감해지지 않으면 언어습득이 잘 안 된다는 증거이기도 하다.

　우리나라 아이들도 기본적인 모국어 습득이 되어있다면 외국어인 영어를 아무리 어려서 배우기 시작하더라도 잠재의식에서는 단어들이 결합하여 더 큰 단위를 이룬다는 것을 이미 다 알고 있다. 기본적인 모국어 습득이 되어있다면 언어처리 능력도 이미 문장차원으로 올라와 있다는 말이다. 그런데 외국어라 해서 처음부터 영어 단어에 초점을 맞추고 집중하게 하면 오히려 문장차원의 학습능력 발달을 저해하고 아이는 유창한 발화와 멀어지게 된다. 잘못된 단어 공부는 심지어 문장차원으로 올라간 아이마저 단어차원으로 끌어내려 단기기억 활용 능력을 악화시켜버리는 심각한 부작용을 일으킬 수 있다.

　언어처리 능력이 문장차원으로 이미 올라와 있으면 영어도 처음부터 문장차원에서 익힐 수 있고 또, 그렇게 해야 한다. 단어는 문장의 부속품으로 익혀야 하고, 문장에 적용할 준비가 된 상태로 익혀야 한다. 그러려면 문장을 먼저 익혀야 하고 단어를 익힐 때도 적어도 생각단위, 즉 청크를 활용해서 단어를 익히는 것이 중요하다. 단어 'left', 'right'만을 익히기보다는 'on your left', 'to the right' 등 청크로 익혀야 문장에 활용할 수 있다. 물론 'Turn left/right.', 'It's on your left/right.'처럼 문장 속에서 활용하며 익히면 더 좋다.

제발, 단어 공부 좀 시키지 말아주세요!

### 3. 잠재의식이 작동해야 잘 익혀진다

우리는 모국어를 잠재의식으로 익혔다. 의식 차원의 분석능력으로 익힌 것이 아니다. 공부를 해서 익힌 게 아니라는 말이다. 잠재의식의 능력은 의식차원의 능력을 훨씬 능가한다. 따라서 잠재의식 자극을 통해 학습하면 영어를 훨씬 더 쉽고 빠르게 익힐 수 있다. 언어입력이 잘만 되면 잠재의식이 알아서 패턴을 읽어내고 나아가 문법감각이 습득된다. 개별 단어들은 아무리 많이 외워도 잠재의식이 문법정보를 끄집어낼 수가 없다. 앞서 언급하였듯이, 단어 안에는 아예 문장 만드는 법에 관한 정보 자체가 없기 때문이다. 주어-동사-목적어/보어만 있는 최소문장을 포함한 생각단위들은 다량의 문법정보를 지니고 있어서 잠재의식이 패턴을 읽어내고 문법을 파악해낸다. 생각보다 오래 걸리지 않는다.

영어학습에서 잠재의식이 잘 작동하게 하려면 두 가지 조건이 만족되어야 한다. 첫째, 암기가 아니라 발성기관을 통한 학습이어야 한다. 둘째, 영어를 하는 동안 뇌가 능동모드 active mode를 유지해야 한다.

먼저, 말하기 능력은 눈으로 하는 암기로 되는 것이 아니다. 입으로 소리내어 연습을 하지 않으면 절대 길러지지 않는다. 단어와 문법을 아무리 많이 알아도 발성기관이 단련되지 않으면 자유롭게 발화가 되지 않는다. 이것은 마치 피아노를 직접 치며 연습하지 않고 악보만 달달 외우는 것으로는 연주가 안 되는 것과 같다. 또, 컴퓨터 키보드에 있는 글자들이 어디에 뭐가 있는지 아무리 달달 외워봤자 직접 손가락으로 연습하지 않으면 빠르게 칠 수 없는 것과 같다. 피아노와 키보드를 치는 행위는 모두 뇌의 명령을 받아서 하는 것인데, 연습을 하지 않으면 그 명령을 손가락이 신속하고 정확하게 수행하지 못한다. 머리에서는 이미 완성된 문장이 있고 뇌가 말하라고 명령을 해도 발성기관이 훈련이 안 되어있으면 그 명령을 제대로 수행하지 못한다. 그래서 말을 더듬거리거나 생각과 다른 말이 튀어나오기도 한다. 우리말은 어려서부터 훈련이 되었기 때문에 자유자재로 말할 수 있다. 하지만 우리말과 소리도 다르고 문법도 다른 영어에는 발성기관이 익숙해져 있지 않기 때문에 별도로 연습을 해야 한다. 머리로 문법을 익혀본 사람들은 잘 알 것이다. 그 지식이 곧바로 입으로 이어지는 게 아니라는 것을. 그래서 필자는 '언어학습은 신체훈련이다Language learning is a physical training.'라고 말한다.

여기서 질문 하나! "뇌에서 내린 명령을 신속정확하게 이행하려면 발성기관을 훈련시켜야 하는 말은 이해하겠다. 그런데 그 전에 뇌가 신속하고 정확하게 명령을 내릴 수 있어야 하는 것 아닌가? 그럼 그 능력은 어떻게 길러야 하는 건가?" 이에 대한 대답 역시 '입으로 해야 한다'는 것이다. 다시 말해서, 뇌의 명령을 받아 발성기관이 말을 하지만, 역으로 뇌의 신속정확한 명령하달 능력을 기르고 강화시켜주는 것도 발성기관이다. 악보만 잘 읽는다고 연습 없이 피아노를 잘 칠 수는 없다. 하지만 예컨대 처음 보는 악보를 보고 바로 칠 수 있으려면 머리에서 신속정확하게 명령을 내려야 하는데, 이 능력을 갖추려면 역시 많이 쳐보는 수밖에 없다. 결국, 뇌에서 내리는 언어 명령을 잘 이행하기 위해서도, 뇌의 신속정확한 언어처리 및 명령하달 능력을 기르기 위해서도 입으로 연습해야 하는 것이다.

그렇다고 아주 어릴 때부터 무조건 입으로 큰소리로 외우는 연습부터 시키라는 것은 아니다. 그건 무리일 수도 있다. 그렇게 할 수 있는 여건을 조성해야 한다. 억지로 되는 게 아니다. 아이가 하고 싶거나, 적어도 큰 거부감 없이 할 정도의 분위기는 조성되어야 한다. 처음에는 흥미를 가지고 귀 기울여 듣는 것으로 시작해도 괜찮다. 영어에 거부감이 없고, 영어를 능동적으로 대하는 태도가 중요하므로 긍정적인 분위기에서 아이에게 이야기책을 읽어주거나 좋아할 만한 동영상을 보게 하는 것도 좋은 방법이다.

잠재의식이 잘 작동하려면 뇌가 능동모드이어야 하지만, 입을 사용한다고 다 능동모드인 것은 아니다. 입을 사용하고 있고 능동모드인 것처럼 보이지만 대개는 수동모드passive mode인 상황이 바로 '듣고 따라하기listen & repeat'를 할 때다. 교실수업 같은 상황에서 단체로 따라할 때 특히 수동모드에 빠진다. 머리로는 딴생각을 하면서도 얼마든지 따라할 수 있다. 위에서 언어는 말로 연습하지 않으면 안 된다고 하였는데, 의외로 교실상황에서 구두연습의 효과가 미미한 것으로 나타났다는 연구들이 있다. 말이 익혀지는 효과는 거의 없고 발음이 조금 나아지는 효과만 있다고 한다. 여러 가지 이유가 있겠지만 학습자가 수동모드에 빠지는 것이 주된 이유 중 하나일 거라고 생각한다. 영어교육에 게임, 놀이, 노래와 챈트, 스토리텔링 등이 많은 것은 학습자들의 흥미를 유발하고 능동적 참여를 유도하기 위함이다. 하지만 이렇게 한다고 꼭 능동모드가 유지되는 것은 아니다. 아이들의 관점에서 활동설계를 잘 하고 과정을 잘 살펴서 능동모드에서 학습을 할 수 있도록 유도하는 방법을 파악하는 것이 중요하다.

반면에, 아이가 자발적으로 노래 가사나 스토리북을 외우려고 할 때는 능동모드일 수밖에 없다. 외우면서 "다음 단어가 뭐더라?, 관사가 있었나, 없었나? 복수였나, 단수였나?" 계속 떠올려야만 한다. 이런 능동적인 암기를 통해 머리에 문장이 많이 쌓이게 되면 자연스럽게 잠재의식이 활발하게 작동하여 문법적 패턴을 읽어낸다. 나아가 입으로 외우고 잠재의식이 문법을 파악하기 때문에 발화의 정확성과 유창성으로 이어진다.

우리가 국문법을 잘 모르지만 말도 잘하고 글도 잘 쓰는 것은 잠재의식으로 우리말을 습득했기 때문이다. 모국어가 아닌 외국어라고 해서 반드시 의식적으로만 학습해야 하는 것은 아니다. 많이 컸다고, 성인이라고 해서 의식적으로만 해야 하는 것도 아니다. 지식

습득은 의식차원에서 분석적 사고력으로 하지만, 말을 익히는 것은 잠재의식도 얼마든지 활용할 수 있고 실제로 활용을 해야 한다. 뇌 발달이 충분히 이루어진 사춘기 이후에는 의식차원의 학습이 상당 부분 도움이 되지만 그 전에는 잠재의식을 방해하기도 한다. 그래서 어린이들을 대상으로 한 영어교육은 모든 면에서 의식보다는 잠재의식을 자극하는 방법을 활용할 때 더 효과적이다.

잠재의식이 잘 작동하려면 정보가 있는 입력, 즉 패턴이 잘 보이는 입력을 제공해주어야 한다<sub>이에 대해서는 2부 참조</sub>. 다시 말하지만, 단어 속에는 말 만드는 법에 대한 정보 자체가 없어서 입으로 아무리 많이 외워도 잠재의식이 할 수 있는 게 별로 없다. 문장과 구 등 표현 덩어리를 익히되 능동적으로 입으로 익혀야 잠재의식이 패턴을 파악하고 문장생성능력이 길러져 유창한 발화로 이어진다.

## 4. 잘 못하는 아이라고 단어로 내려가면 절대 안 된다

흔히 부진아라고 부르지만 순화하여 '느린학습자 slow learner'라고 하는 아이들이 있다. 이런 아이들에게는 하나같이 단어를 가르치는데, 이것은 완전히 잘못된 방법이다. 절대 단어로 내려가면 안 된다. 문장보다 단어가 쉬울 거라는 생각은 착각이다. 당장 문장 하나와 단어 하나만 비교하면 단어가 쉬워 보이겠지만, 단어를 열 개,

스무 개, 서른 개를 외우라고 하면 뇌는 힘들어지고 아이의 마음은 무거워진다. 아이가 말할 수 있거나 말하고 싶어 하는 몇 개의 문장을 잘 익히게 하고 단어를 바꿔가며 문장을 응용하게 하는 것이 훨씬 낫다. 영어는 머리가 나빠서 못하는 것이 아니라, 어른들이 어린이들의 언어습득에 대해서 잘못 이해하고 잘못 가르쳐서 못하는 것이다. 문장차원의 말을 할 줄 모른다고 단어 학습으로 내려가는 것은 오히려 효과적인 학습에 역행하는 것이다. 문장차원에서 다른 방법을 찾아야 한다.

사실 흔히 학교나 학원에서 사용하는, 정해진 틀과 내용으로 구성된 교재들은 상당수의 아이들에게 흥미가 없을 수 있다. 이런 아이들이 느린학습자가 되기 쉬운데, 이들에겐 흥미 있어 하는 분야에서 적절한 문장들을 찾아 활용하는 것이 억지로 단어 공부를 시키는 것보다 나을 것이다. 예를 들어, 영어를 잘 못하는 아이 중에도 영어 노래는 좋아하는 아이들이 꽤 많다. 어느 교사에게 들은 얘기인데, 영어는 아주 못하는데 노래를 좋아해서 가사 속 영어가 무슨 뜻인지 물어오는 아이들이 있었다고 한다. 외국 팝송이 아니더라도, 요즘에는 K-pop이라고 부르는 우리나라 노래에 영어 표현들이 들어가는 일이 매우 흔하다. 잘 고르면 아이가 좋아할 만한 노래들이 꽤 있다. 아이가 직접 고르게 하면 더 좋다. 그 노래들 속에 있는 영어 문장을 활용하여 단어를 바꾸어서 다른 하고 싶은 말을 해보게 할 수도 있다. 재밌는 동영상이나 스토리북을 활용해도 좋고 아이가 좋아하는 게임 속 영어 문장들을 익히게 할 수도 있다. 단어는 무한정 많지만 문장을 만들 수 있는 구조의 틀은 많지 않다. 소수의 구조로 수없이 많은 문장을 만들어낸다.

경우에 따라 단어들을 익히지 않으면 안 되는 상황에 처하더라도, 그냥 아무 맥락 없이 단어들만 몇십 번 써오게 하거나 입으로 외우게 하기보다는 문장의 틀 속에서 익히게 해야 더 잘 익히고 부작용도 덜하다. 예를 들어 요일이나 달 이름을 익혀야 한다면, 좋아하는 요일이나 달은 'I like ____.', 싫어하면 'I don't like ____.'처럼 문장에 넣어서 익히게 하면 자신의 느낌을 실을 수 있어 암기하기도 더 쉽고 단어차원으로 내려가는 위험성도 덜하다.

### 5. sight words는 없다! 제발 청크로 익혀줘라

'sight words', 소위 '일견어휘 一見語彙'라고 부르는 단어들에 관심들이 많다. 일견어휘는 말 그대로 '보는 순간 on sight 파닉스 규칙을 적용하지 않고 바로 읽을 수 있는 단어들'을 지칭한다. 흔히 고빈도어휘 high frequency words 와 동일시되기도 한다. 글을 통해 접하게 되는 빈도가 높다보니 어느 날부터 보면 그냥 읽히는 단어들을 가리키기 때문이다. 다시 말해서, 일견어휘는 처음부터 존재하는 것이 아니라, 자주 보고 읽게 됨으로써 다른 단어들에 비해 일찍 이미지와 소리가 기억되어 '일견어휘화'가 되는 단어들을 말한다. 이런 측면에서 일견어휘는 영어가 모국어인 학습자들에게 우선적으로 적용되는 개념이라고 할 수 있다. 따라서 일견어휘를 지도할 때는 우리나라 영어교육 환경 관점에서 보다 잘 이해하고서 지도해야 한다.

첫째로, 영어가 모국어인 학습자들은 글을 보고 읽을 기회가 우리나라의 영어학습자들에 비해 월등하게 많다. 빈도가 높은 단어들은 자주 보고 읽게 될 것이므로 그것들이 일견어휘가 될 가능성이 높다. 그런 점에서 우리는 일견어휘를 통계학적으로 두 가지 측면에서 따져봐야 한다. 일견어휘의 출현비율, 즉 백분율%로 따지면 영어권에서나 우리나라에서나 별반 차이가 없을 것이다. 하지만 아이들의 눈에 실제로 '노출되는 횟수'로 따지면 영어권과 크나큰 차이가 날 수밖에 없다. 일견어휘가 되려면 출현비율보다는 실제 시각적 노출 횟수가 중요한데 우리나라 환경에서는 영어권에 비하면 노출 횟수가 크게 못 미친다. 가령, 공교육의 초등영어를 보면 3-4학년 교과서는 그림책이나 다름없어서 노출되는 단어들이 아주 적다. 그러다 5학년에 올라가서 비로소 문장을 시각적으로 접하게 된다. 그나마 수업도 한 주에 두세 번 징검다리식으로 이루어진다. 이 상태에서 일견어휘가 있다고 할 수 있을까? 아무리 일견어휘라고 알려진 단어라 하더라도 읽고 쓸 기회가 적으면 일견어휘화가 될 가능성이 낮다. 일견어휘 암기는 단어당 평균 약 35번의 집중적인 노출을 요한다는 연구결과도 있다. 우리나라 환경에서는 일견어휘는 없고 그냥 다른 단어들에 비해 출현빈도가 높은 단어들이 있을 뿐이라고 보는 것이 현실적이고, 그런 전제하에 효과적인 지도방법을 찾는 것이 더 합리적일 것이다.

둘째, 영어가 모국어인 아이들은 말을 잘하는 상태에서 일견어휘들을 만난다. 우리나라 아이들은 전혀 그렇지 못하다. 이는 아주 큰 차이다. 영어권 아이들한테는 일견어휘가 일찍부터 식별되고 쉬운 단어들일 수 있지만 우리 아이들한테는 전혀 그렇지 않다. 일견어휘가 훨씬 더 까다롭고 익히기 어려울 수 있다. 사실, 영어가 모국어인 아이들조차도 일견어휘 학습에서 가장 먼저 접하는 어려움이 전치사, 관사, 접속사 등 많은 단어가 명확한 뜻이 있지 않고 추상적이거나 맥락에 따라 달라진다는 점이라고 알려져 있다. 원어민 아이들도 그런데 우리나라 아이들은 어떻겠는가. 그러니 우리나라 아이들에게는 익혀주는 방법이 달라야 한다.

셋째, 똑같은 일견어휘 지도 방법을 사용해도 영어권에서는 인지과학과 아동심리학 측면에서 합리적인 방법인데 우리나라에서는 전혀 그렇지 않을 수 있다. 예를 들어, 영어권의 일견어휘 동영상을 보면 대다수가 단어가 사용되는 맥락 없이 낱개의 단어들을 제시하고 노래나 애니메이션 등에 입혀서 연습하는 방식으로 설계가 되어 있다. 그런데 이렇게 단어만 익히는 방식이 영어권 아이들에게는 인지적으로나 정의적으로나 그다지 문제가 될 게 없다. 모국어라서 어차피 쓰임새가 어찌되는지를 알고서 익히는 하향식 학습이기 때문이다. 마치 우리나라 아이들이 우리말 단어를 익히는 것과 같은 것이다. 합리적이라는 이유가 여기에 있다. 하지만 우리나라에서 개별 일견어휘만 모아서 가르치게 되면 매우 비과학적인 상향식 학습이 되어버린다. 말도 잘 못하는데 빈도가 높다고는 하나 절대적 노출 횟수가 적고, 파닉스 규칙에 들어맞지 않는 것들도 많은 단어들을 맥락도 없이 그냥 외우게 하는 것은 인지과학적으로 매우 비효율적인, 효과는 적고 오히려 영어에 대한 거부감만 키울 수 있는 방법이 되어버리는 것이다.

우리나라에서의 일견어휘 지도 문제에 대해서는 두 가지 입장에서 생각해볼 수 있다. 먼저 당장 어떤 조치를 취해야 하는 상황에서 '응급처방'으로 쓸 수 있는 방법을 구하는 입장이 하나다. 또 하나는 보다 근본적인 일견어휘 지도 방안을 구하는 입장이다.

응급처방 관점은 주로 교실수업에 준하는 상황에 적용된다. 아이가 지금 다른 아이들에 비해 너무 뒤쳐져 있고, 한 교실에서 다 같이 수업을 할 수밖에 없으면 문장들에 자주 나오는 단어라도 가르쳐서 한 문장에 '아는 단어가 좀 있도록' 해주어 심리적으로 조금이나마 안정감을 주자는 취지에서 일견어휘를 가르칠 수 있다. 하지만 그렇다 하더라도 문제는 가르치는 방법이다. 가령, 유튜브에서 일견어휘를 하나씩 보여주면서 어른이 읽으면 아이가 우리말 뜻을 말하는 식으로 진행되는 동영상을 보았는데, 아동발달의 관점도 인지과학의 관점도 전혀 없는 방법이라서 그걸 따라하는 아이는 참

안됐다는 생각까지 들었었다. 다른 동영상들도 활동 유형은 조금씩 다를망정 어휘들을 개별적으로 제시하고 익히게 하는 방식을 취하고 있는 것은 마찬가지였다. 어차피 어휘목록으로 하는 지도는 다 영어권 방식을 흉내낸 것이고, 우리나라에서는 상향식 학습이라고 보면 된다.

아래 일견어휘라고 알려진 단어 열 개를 여러분이 두 가지 방법으로 가르친다고 상상해보라. 활동 방식은 동일하다고 가정하자. 챈트, 노래, 게임, 뭐든 상관없다.

I, you, she, and, is, so, at, this, the, like

먼저 단어들을 맥락 없이 개별적으로 제시하고 가르치고 있다고 상상해보라. 그러면서 아이 입장에서 어떤 마음이 들까 생각해보라. 다음으로, 아래처럼 청크 단위로 가르친다고 상상해보라.

you and I
She is so funny.
I like this.
at the playground

맥락이 없는 개별 단어들을 익히게 하는 것과 의미를 갖춘 청크로 익히게 하는 것, 둘 중 어느 방식이 아이에게 더 쉽고 효과적일까? 아이는 어느 것을 덜 부담스러워할까?

사용되는 맥락 없이 단어들만 따로 모아서 외우게 하는 지도법이 아무리 재미있게 설계했다 한들 얼마나 효과가 있을까. 대부분의 아이에게서 기대만큼 효과가 나지 않을 것이다. 게다가 단어와 우리말 뜻은 일대일 관계도 아니다. is는 맥락에 따라 뜻이 다르다. the는 문법적 기능만 있을 뿐 그 자체로는 뜻을 말할 수 없다. 어쩜 of, at, for 같은 전치사는 분명한 뜻이 있지 않느냐고 할지 모른다. 그럼 a cup of tea에서 of는? ('차의 한 잔'인가, '한 잔의 차'인가?) 'a friend of mine'의 of는? 'at the moment'에서 at은? 'angry at me'에서는?, 'mistake A for B'에서 for는? 'train for Seoul'에서는? 모두 우리나라 아이들의 관점에서 보면 그리 쉽게 이해될 만한 것이 아니다. 개별 단어의 뜻을 하나로 규정하면 다른 뜻으로 사용되는 다양한 사례들이 예외로 취급되어 아이들을 헷갈리게 만든다. 규칙과 예외로 구분하는 것은 어린아이들에게는 오히려 혼란을 줄 수 있기 때문에 대단히 조심해야 한다. 그런 구분은 좀더 커서 분석적 사고력이 충분히 길러졌을 때 하는 것이 안전하다.

반면에, 의미를 갖춘 청크로 익히면 그냥 그 전체로서의 의미를 수용하기 때문에 맥락에 따른 단어의 의미 변화를 덜 의식한다. 또, 청크는 단어보다 한결 구체적인 의미가 있어서 아이들에게 더 잘 와닿고, 생활 속에서의 경험과 연결해주는 연상작용도 일으킬 수 있기 때문에 기억하기도 더 쉽다. 위에서 언급했지만, 말은 생각을 표출하는 도구다. 생각과 연결되지 않는 개체로서 단어들을 기억하는 것은 절대 쉽지 않다.

한편, 시중에 일견어휘 학습을 위한 워크북 형태의 책들을 살펴보면 청크나 문장을 활용하는 사례가 없지 않다. 그런데 잘 들여다보면 청크나 문장 제시를 하긴 하지만 낱개의 단어 암기로 초점이 빠르게 이동하기 때문에 여전히 단어중심 사고를 하게 만들고 강화할 가능성이 높다. 또한, 일견어휘에 해당하는 낱말들의 뜻을 제시해줄 때 종종 문제가 된다. 예를 들어, 'Nice to meet you.'와 함께 to의 의미를 맥락에 맞추려고 '-해서'라고 제시해주는데, 이게 전형적인 문장 해체의 부작용이다. 그럼, 'For here or to go?', 'To see is to believe.', 'I want to dance.'의 to는 또 어떻게 할 것인가? 개별 단어의 의미는 잠재태로 있을 뿐이고 구체적인 의미는 다른 단어들과 결합하여 생각단위 이상의 큰 단위를 형성했을 때 비로소 결정되는 것이다. 영한사전에서 to를 찾아보면 그 뜻이 셀 수 없이 나온다. 그 많은 걸 일일이 다 외울 수는 없다. 인간언어의 전형적인 특징인 비유법이 작용하여 다양한 용법이 생겨나는 것이기 때문에, 비유법에 대한 감각이 생겨나면 암기해야 할 핵심의미는 크게 줄어든다.

단어중심 사고의 부작용이 없으려면 큰 의미덩어리 중심의 학습을 해야 하고, 수준이 아주 높아지기 전까지는 문장을 개별 단어로 해체하고 뜻을 하나하나 따져보는 습관이 들지 않게 해야 한다. 일견어휘를 지도할 때도 그것이 포함된 문장 혹은 주요 청크를 통째로 익히고 통째로 써보게 하는 것이 좋다. 'Nice to meet you.' 같으면, 통째로 쓰거나 적어도 'to meet you.'를 써보게 해야 한다. 같은 맥락에서, 절대 하지 말아야 할 활동이 해체된 낱개의 단어들을 주고 조합하여 문장을 만들어보게 하는 활동이다. 이런 활동은 영어학습에 독약이다. 하려면 문장 구조를 고려한 청크 단위로 제시하고 조합하게 해야 한다.

근본적인 일견어휘 지도방안으로는, 영어학습을 처음 시작할 때부터 단어에 초점을 맞춘 지도를 하지 않고 문장에 초점을 맞춘 지도를 하는 것이다. 단어도 문장이나 청크를 통해서 익히는 습관을 들이게 해줘야 한다. 또, 눈으로 자주 보고 읽어야 일견어휘화되기 때문에 문자는 영어학습을 시작할 때부터 노출시켜야 하고, 더불어 큰소리로 읽는 낭독 read-aloud 을 자주 한다면 자연스럽게 일견어휘화 할 가능성이 높아진다. 그럼 일견어휘를 따로 지도해야 할 필요성도 그만큼 낮아진다. 느린학습자의 경우에도 결국 근본으로 돌아가야 한다. 아이의 흥미를 유도하는 문장 및 청크 학습으로 해결해야 한다. 절대 단어로 내려가면 안 된다. 오히려 더 느려진다. 이미 중학교에 올라갔다 하더라도 마찬가지다. 중학생이라고 너무 늦다는 법은 없다. 문장과 청크에 초점을 맞춘 연습을 통해 구조감각을 습득하게 되면 일견어휘 문제도 해결되고 학습에 가속도가 붙게 된다.

## 6. 벽에 단어 카드 붙이지 않기: 문장을 붙이자

흔히 집에 커다란 영어 단어 포스터를 붙이곤 한다. 학교나 학원에서도 마찬가지다. 교실 뒤편 보드에는 꼭 단어 포스터나 단어 카드들을 붙여놓는다. 그런데, 말을 배우려면 처음부터 말을 접해야 한다. 아무리 영어를 처음 접한다 해도 단어를 붙이기보다는 문장을 붙이는 것이 좋다. 물론, 각 문장의 의미를 잘 살린 그림이 함께 제시되어야 한다. 'I like apples.'라면 아이가 사과를 맛있게 먹고 있는 그림과 함께 제시해야 말과 의미를 더 잘 기억할 수 있다.

다시 강조하지만, 단어가 문장보다 쉬울 거라는 생각은 착각이다. 사물의 이름 같은 단어 하나를 기억하기보다는 문장으로 표현되는 '묘사'를 기억하는 것이 더 쉽다. 묘사는 자신의 직간접적인 경험과 연결될 수 있고, 다른 사건이나 현상과 연결시키는 연상작용을 일으킬 수 있다. 나아가 아이의 상상력을 자극할 수도 있다. 하지만 외국어로서 영어 단어를 개별적으로 암기할 때는 대화나 상황묘사와 잘 연결되지 않아 외우기가 더 어렵다. 하물며 영어 문장에 대한 구조감각이 안 길러진 상태라면, 단어를 문장 속에서의 쓰임새도 모른 채 맥락 없는 암기를 하게 되어 더더욱 어렵다. 먼저 문장을 익히는 습관을 들여야 단어를 외울 때 문장 속에서의 쓰임새를 알고 문장에 대입하여 외울 줄 알게 된다.

또한, 단어 포스터와 카드에는 흔히 명사들이 많이 제시되어 있는데, 여러 품사 중에서 문장생성감각을 키우는 힘이 가장 허약한 것이 명사다. 그래서 아이에게 질문을 할 때도 '이게 뭐야?What's this?' 같은 명사형 질문은 언어습득뿐만 아니라 심지어 사고력 발달에도 거의 도움이 되지 않는다. '왜Why', '어떻게How' 등을 활용한 서술형 질문이 어휘력과 사고력을 훨씬 더 잘 길러준다. 문장은 서술형 질문과 연결시키기가 훨씬 더 좋다. 아이들은 분석적 사고력은 없어도 그냥 느낌으로 받아들이는 능력이 좋아서 문장을 접한다고 해도 별 거부감 없이 받아들일 수 있다. 절대 단어보다 어려워하지 않는다. 어른들이 과거에 영어를 문법으로 배우고 무작정 단어를 외웠던 경험에서 생겨난 고정관념 때문에 단어가 더 쉬운 것처럼 보이고, 단어를 무작정 많이 외워야 한다고 착각하는 것이다. 그리고 그런 고정관념으로 아이를 대하다보면 단어를 조합해서 문장을 만든다는 그릇된 인식을 아이들에게도 심어주게 된다. 문장 구사력도 없는데 맥락도 없는 단어 암기 강요는 어린아이들에게 영어 공부는 고통스러운 것이라는 메시지를 지속적으로 보내게 된다.

### 7. 단어와 문법에 대한 고정관념이 바뀌어야 한다

주위 사람들에게 꽤 내세울 만한 수준의 영어 구사력을 갖추고 있지 않은 한 어린 자녀에게 단어를 하루에 몇십 개씩 외우게 하는 사교육 공간에 보내는 것은 절대 권할 만한 게 못된다. 먼저 적은 양이라도 문장을 잘 익혀주고, 그 문장들의 구조를 기반으로 다양한 단어들을 활용하는 활동을 통해 단어를 익히게 하는 곳이라면 괜찮다. 하지만 그냥 매일 몇십 개씩 막무가내로 단어를 외우게 하는 학원을 원하는 부모들이 생각보다 많은데, 제발 인지과학과 어린이의 발달심리에 대한 전문가들의 이야기에 귀를 기울이길 바란다. 효과는 없고 아이는 스트레스만 받아 영어를 두려워하거나 혐오하게 될 가능성이 매우 크다. 자칫 평생 영어를 잘 못하게 될 수도 있다. 주변에 그렇지 않아 보이는 아이들이 좀 눈에 띈다고 내 아이도 괜찮을 거라 생각하는 것은 위험하다.

어린이용 영어 어휘학습 책도 주의를 요한다. 특히 문제집 형식은 피하는 것이 좋다. 단어를 정의하는 표현 속에서 그 단어와 연관된 특정한 단어만 보고 정답을 맞히는 '어쭙잖은 요령'만 익혀질 뿐 실질적인 어휘학습이 되는 것도 아니고, 오히려 영어 문장을 정확하게 읽고 의미를 파악하는 능력 발달에 방해가 될 수 있다. 또, 대화문이나 스토리 등 문장차원의 수업을 한다고는 하지만 잘 들여다보면 결과적으로 단어 학습의 결과만 낳는 수업을 하는 경우도 매우 흔하므로 주의를 해야 한다. 이것은 수업설계의 문제로, 대개는 우리나라 영어학습 환경과 인지발달 등을 충분히 고려하지 않고 영어권에서 사용하는 지도법을 무비판적으로 받아들임으로써 발생한다.

대표적인 문제 하나만 제시하면, 영어권 교재들은 주로 대화가 이루어지는 다양한 상황 중심으로 설계되어 있다. 따라서 그 상황에서 사용하게 될 어휘학습을 중시하고 학생들도 어휘에 주목을 많이 하게 된다. 예를 들어, '원하는 것 묻고 답하기'를 다루는 단원에서는 원하는 대상에 해당하는 단어들을 많이 제시하고 바꿔가면서 말해보는 활동을 한다. 이렇게 되면 구조'I want ....', 'Do you want ....' 등는 고정되고 목적어 위치에 들어가는 사물 이름만 바뀌게 되는데, 영어권에서는 그렇게 해도 워낙 노출량이 많고 학습동기가 강하기 때문에 문장을 익히는 데 문제가 되지 않는다. 하지만 노출량이 적고 학습동기도 낮은 우리나라 환경에서 그렇게 하면 학습자 심리가 고정된 쪽보다는 바뀌는 쪽에 쏠릴 수밖에 없어서, 결과적으로는 사물의 이름에 해당하는 단어 몇 개만 익혀지게 된다. 특히 아주 기본적인 문장 구사도 안 되는 아이들은 더욱더 그렇게 된다. 따라서 우리나라에서는 단어보다는 문장구조가 먼저 익혀지게 하는 수업 설계가 중요하다. 기초적인 문장구조에 대한 감각이 생겨야 단어의 쓰임새를 알고 익힐 수 있게 된다.

단어를 조합하여 문장을 만드는 규칙을 문법이라고 부른다. 하지만 '문법지식'이 있어야 단어들을 조합해서 문장을 만들 수 있다는 허상에서 벗어나야 한다. 책에 나오는 그런 문법지식'명시적 문법지식'이라고 부른다은 배우지 않아도 얼마든지 영어를 익힐 수 있다. 그런 건 천천히 배워도 아무 문제가 없다. 어린 영어학습자들에게 필요한 것

제발, 단어 공부 좀 시키지 말아주세요!

은 지식으로서의 문법이 아니라 감각으로서의 문법, 즉 문장생성감각이다.

자전거 타는 법에 비유하자면, 물리학책에 기술된 자전거 구동원리를 익히는 것과 자전거 타는 법을 익히는 것은 전혀 별개의 문제다. 구동원리를 몰라도 자전거는 탈 수 있다. 그냥 타게 하면 된다. 탈 줄 알게 되면 물리학적인 원리가 몸으로 들어온 것이고 감각적으로 익혀진 것이다. 책으로 배우는 자전거 구동원리는 '공부 잘하는' 아이들이 잘 익히겠지만, 그냥 바로 자전거를 타는 방식으로 익히기로 한다면 공부에서는 제일 꼴찌인 아이가 일등을 할 수도 있다. 책에 나오는 문법은 물리학책에 기술된 자전거 구동원리, 단어는 자전거 부품 이름과 같다. 부품 이름 외운다고 구동원리가 익혀지는 것도 아니고, 구동원리 이해한다고 자전거가 바로 타지는 것도 아니듯이, 단어 외운다고 문법이 알아지는 것도 아니고, 문법지식 좀 익힌다고 말을 할 줄 알게 되는 것도 아니다. 말은 말로 배우는 것이지 문법으로 배우는 것이 아니다. 또, 자전거를 탈 줄 아는 상태에서 부품 이름과 구동원리를 익히는 것이 자전거를 탈 줄도 모르면서 익히는 것보다 수월하듯, 명시적 문법지식도 말을 할 줄 아는 상태에서 익히는 것이 훨씬 수월하고 효과적이다. 중학교에 가면 바로 문법을 가르치고 단어도 많이 외워야 하는 게 걱정이 된다면 더욱더 기초적인 문장을 읽고 말할 수 있는 능력부터 빨리 길러줘야 한다.

**제3장**     문장을 만들 때

머릿속에서 벌어지는 일

이번에는 단어의 나열 방식으로 문장을 만들게 되면 문장생성능력 발달에 어떤 문제가 생기는지, 나아가 이 문제를 해소하려면 어떤 방식으로 문장을 구성해야 하는지 좀더 구체적으로 설명해보려 한다. 많은 전문가들이 영어를 시작하는 초보자들은 어순감각the sense of word order을 빨리 습득해야 함을 강조하곤 한다. 물론 이 감각이 중요하긴 하지만, 우리가 일반적으로 알고 있는 어순개념 설명에서는 주로 문장 속 전체 단어들의 순서에만 초점을 맞추고 있고, 문장은 생각단위로 이루어진다는 점에 대해서는 거의 언급하지 않고 있다. 그러다보니 아주 짧은 문장은 괜찮을 수 있지만, 긴 문장까지도 단어들의 배열 관점에서 생각하게 되면 단기기억 메커니즘과 배치되고, 그런 점에서 어순개념이 학습에 걸림돌이 될 수도 있다. 이 문제를 해결하려면 어순개념이 아니라 생각단위의 순서에 대한 개념을 이해해야 한다. 영어의 생각단위 순서에 대한 감각을 습득하

제발, 단어 공부 좀 시키지 말아주세요!

면 긴 문장도 단기기억으로 유창하게 말을 할 수 있고, 동시에 우리말과 매우 다른 영어 특유의 문장 구성방식에 잘 들어맞는 보다 영어다운 영어를 구사할 수 있게 된다.

### 1. 어순의 의미: 그저 단어들의 순서?

　영어는 우리말과 어순이 상당히 다르다. 그래서 영어를 배우기 시작하면 가장 먼저 터득해야 하는 것이 어순감각이라는 데 많은 사람들이 동의한다. 어순 문제가 영어학습에서 가장 먼저 맞닥뜨리는 문제이기 때문에 이 주장은 분명 일리가 있다. 예를 들어, 영어를 시작하는 단계의 어린이들은 종종 '책 두 권'을 "book two"라고 하는데, 그것은 우리말 어순의 영향을 받아서 그렇다. 'I ice cream like.' 같은 말도 우리말 어순을 그대로 적용한 것이다. 실제로도, 우리가 영어로 말했을 때 원어민이 알아듣지 못하는 주된 이유 중 하나가 어순이 맞지 않는 것이다.

　흔히 우리말과 영어의 어순 차이를 학술적으로 설명할 때, 우리말은 '주어-목적어-동사' 어순이고, 영어는 '주어-동사-목적어' 어순이라고 말한다. 이것은 언어에서 가장 기본이 되는 문장인 소위 제3형식 구조를 기준으로 말하기 때문이다.

나는 축구를 한다.

I play soccer.

(나는 - 한다 - 축구를)

하지만 제3형식이 아니더라도 같은 패턴이라는 것을 금방 알 수 있다.

나는 학교에 간다.

I go to school.

(나는 - 간다 - 학교에)

나는 친구에게 선물을 주었다.

I gave a present to my friend.

(나는 - 주었다 - 선물을 - 친구에게)

I gave my friend a present.

(나는 - 주었다 - 친구에게 - 선물을)

위와 같은 기본어순을 보면, 주어의 위치는 두 언어에서 똑같다. 하지만 영어에서는 동사가 먼저 오고 우리말에서는 동사가 마지막에 온다. 다만, 우리말에서는 다양한 어미가 발달되어 있어서 어순이 꽤 자유롭다.

제발, 단어 공부 좀 시키지 말아주세요!

고양이가 쥐를 물었다.

쥐를 고양이가 물었다.

영어는 상황이 다르다. 영어는 어미가 발달되어 있지 않다. 정확하게는, 영어도 아주 오래전에는 어미가 잘 발달되어 있었고 그래서 어순이 자유로웠지만 여러 가지 역사적인 이유로 어미가 거의 다 사라지게 되었다. 그러다보니 어순이 고정되어야만 뜻이 정확하게 전달되는 언어로 바뀌었다. 결국, 아래의 두 문장은 완전히 다른 뜻을 갖게 되었다.

The cat bit the mouse.

The mouse bit the cat.

하지만 우리말의 어순이 아무리 자유롭다 하더라도 가장 기본이 되는 어순은 있는데, 그것은 '주어-목적어-동사' 어순이다. 어순을 기술할 때에는 강조나 대조 같은 상대적으로 튀는 어감을 갖는 어순보다는 중립적인 어감의 어순을 기반으로 기술하게 된다. 따라서 영어를 시작하는 아이의 일차적인 어순감각 습득은 우리말의 목적어-동사와 반대되는 영어의 동사-목적어 어순에 익숙해지는 것을 가리킨다.

구 차원에서도 유사한 패턴을 보인다. 예를 들어, 전치사구의 어순에도 동일한 순서바뀜이 적용된다. 'in - the box'와 '박스 - 안에', 'for - my friend'와 '내 친구를 - 위해서'를 비교하면 서로 어순이 반대다. 영어에서는 'in'과 'for'가 명사구 앞에 와서 전치사인데 반해, 우리말에서는 명사구 뒤에 오기 때문에 후치사이다.

    주어-동사-목적어/보어로만 구성된 최소문장이나 전치사구 같은 한 개의 생각단위만 다룰 경우 어순감각을 익히는 것이 결코 어렵지 않다. 단기기억 용량 4±1단위에서 벗어나지 않기 때문에 누구나 조금만 연습하면 익힐 수 있다. 최소문장의 경우 두 언어의 주어 위치가 같기 때문에 목적어와 동사 두 개의 위치만 서로 맞바꾸면 된다. 또, '명사구-후치사'를 '전치사-명사구'로 순서만 바꾸면 된다. 이마저도 잘 안 되는 학습자들은 지나치게 단어중심 사고를 하도록 잘못 가르쳐서 그런 것이다.

## 2. 더 중요한 어순의 의미: 구(생각단위)의 순서

    단어의 나열에 초점을 맞춘 어순개념의 문제점은 두 개 이상의 생각단위로 이루어진 문장을 말할 때 드러난다. 이때는 단어가 6개를 쉽게 넘어가는데다, 우리말 어순의 관점에서 보면 단어의 순서도 바뀌지만 생각단위의 순서까지 바뀌어 매우 복잡하게 얽힌다. 따라서 단순한 어순개념으로는 복수의 생각단위로 구성된 긴 문장의 발화를 제대로 설명하지 못한다.
다음 두 문장을 비교해보자.


(1) I play badminton.
(2) I play badminton at the park.


문장 (1)은 최소문장으로 생각단위가 하나다. 문장 (2)는 전치사구가 추가되어 생각단위가 둘이다. 그럼 상대되는 우리말 어순과 비교해보자.


(1-1) I - play - badminton.
　　　나는 - 배드민턴을 - 친다.
(2-1) I - play - badminton - at - the park.
　　　나는 - 공원 - 에서 - 배드민턴을 - 친다.


(1-1)을 보면, 동사와 목적어의 순서만 서로 바뀌었다. 그럼 문장 (2-1)은 어떤가. 동사와 목적어의 순서도 바뀌었지만 주어와 목적어 사이에 '공원-에서'라는 말이 끼어들었고, 여기에서도 영어와 어순이 바뀌었다. 이로써 생각단위가 두 개만 되어도 어순이 바뀌는 양상이 크게 복잡해지는 것을 알 수 있다.
그럼 이번에는 어순교환을 도식화해서 살펴보자. 그럼 둘 이상의 생각단위로 된 문장의 복잡성이 눈에 잘 들어온다. 먼저 단어들의 순서만 바꾸는 방식으로 해보겠다.

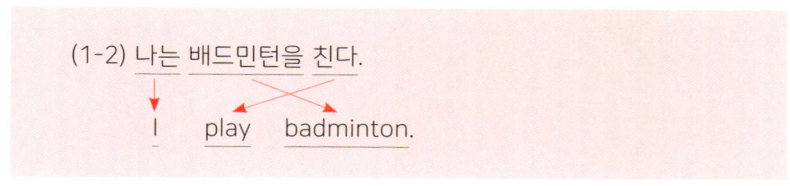

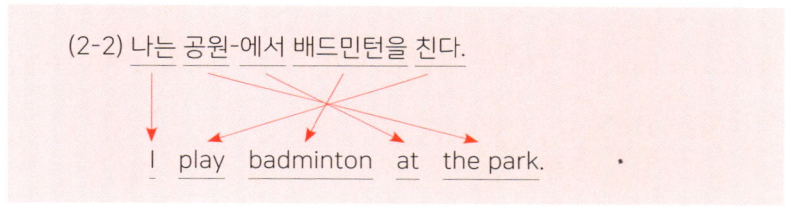

기본구조에서 순서가 일치하는 주어를 제외하면, (1-2)에서는 목적어와 동사를 X자로 교환하기만 하면 되므로 아주 단순하다. 하지만 (2-2)에서는 많은 선들이 복잡하게 얽힌다. 인간의 두뇌에서 어순교환을 이렇게 복잡하게 한다면 유창한 발화는 불가능하다. 뇌에서 이루어지는 정상적인 언어처리는 이런 모습이 아니라는 말이다. 어떻게든 단순하게 처리해야 한다.

이번에는 생각단위 차원에서 순서가 어떻게 바뀌는지 보자.

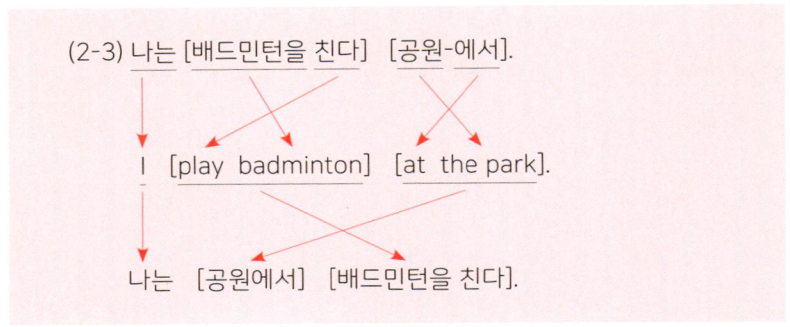

이제 전부 X자 처리로 단순화되었다. 그런데 만약 'play badminton'과 'at the park' 두 표현을 청크로 장기기억에 저장하고 있다면 다음과 같이 단순화될 것이다.

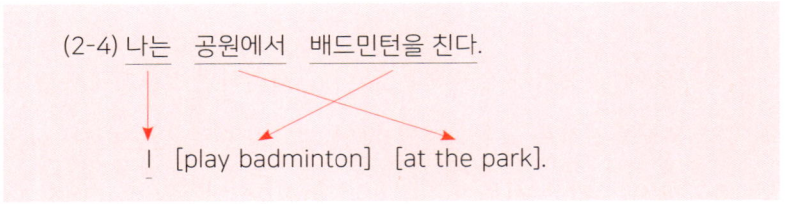

이제 생각단위가 둘인 문장도 단순하게 X자 교환 하나로 처리되었다. 원어민은 장기기억에 이미 만들어진 청크로 들어있지 않다 하더라도 순식간에 생각단위를 만들고 청크 배열순서 원칙에 맞춰 발화할 수 있다. 우리도 유창한 발화를 하려면 영어의 개별 생각단위 조합과 배열의 원리를 이해하고 그에 맞춘 발화 연습을 해야 한다.

이번에는 좀 긴 문장을 살펴보자.

John will wait for her to tell her parents what happened there.
John은 그녀가 거기서 무슨 일이 있었는지 자기 부모님께 얘기할 때까지 기다릴 거야.

독자들도 이쯤 되면 어순개념만으로는 유창한 발화가 불가능하다는 것이 가슴에 와 닿았을 것이다. 당연히 이 긴 문장의 단어들을 하나하나 이어붙이는 방식으로는 자연스러운 발화를 할 수가 없다. 우리의 뇌는 절대 언어를 그렇게 처리하지 않는다. 단위 수가 너무 많아져 단기기억으로는 감당할 수가 없기 때문이다. 우리의 뇌로 가능한 자연스러운 발화의 모습은 아래처럼 세 개의 단위로 처리되는 것이다.

John will wait for her / to tell her parents / what happened there.

결국, 영어 어순감각은 한 문장을 구성하는 모든 개별 단어들을 순서대로 나열하는 능력을 의미하는 것이 아니다. 생각단위가 하나인 최소문장 같은 경우에는 단어들의 순서만으로도 설명이 된다.

제발, 단어 공부 좀 시키지 말아주세요!

하지만 진정한 의미의 어순은 생각단위를 이루는 청크들의 순서를 가리킨다. 필자는 이 생각단위 순서에 대한 감각을 '구순감각the sense of phrase order'이라고 부른다. 생각단위를 문장구조 개념으로 바꾸면 구phrase라고 할 수 있기 때문인데, 여기서 구는 최소문장을 포함한다.

단어를 단위로 문장을 조합하는 방식어순개념과 구를 단위로 조합 방식구순개념의 차이를 시각적으로 정리해보면 아래와 같다w = word.

단어 조합: w1 + w2 + w3 + w4 + w5 + w6 + w7 + w8 + w9 + ... = 문장
구 조합: {w1 + w2 + w3} + {w4 + w5 + w6} + {w7 + w8 + w9} + ... = 문장
　　　　　　‖　　　　　　‖　　　　　　‖
　　　　<phrase 1>　<phrase 2>　<phrase 3>

단기기억의 능력 범위에서 언어처리가 수월해지고 유창한 발화가 가능한 조합은 구 단위로 연결하는 조합이다. 이 점은 구 단위의 발화를 시간의 흐름에 맞춰 내보내는 모습으로 시각화를 해보면 더 잘 드러난다.

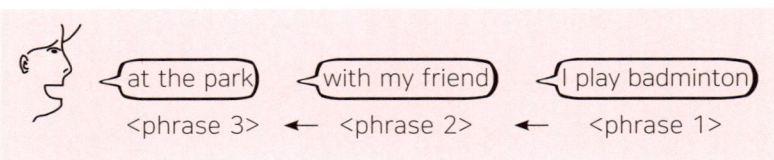

이제 왜 단어의 나열로는 유창한 발화를 할 수 없는지도 명확하게 보인다. 구의 크기는 연습을 통해 키울 수 있고 그에 따라 유창성은 더 좋아진다. 단어들의 나열로는 절대 불가능하다.

### 3. 한국어와 영어의 구 조합 순서 차이

구 조합 순서를 좀더 긴 문장으로 살펴보자. 앞쪽에서 보았던 아래 문장을 우리말과 비교해보라.

I / ① play board games / ② with my brother / ③ in my room / ④ every Saturday.
나는 / ① 매주 토요일 / ② 내 방에서 / ③ 내 동생과 / ④ 보드 게임을 한다.

두 문장의 구 순서를 보면 패턴이 있음을 알 수 있다. 주어 위치는 같으니까, 의미가 상응하는 나머지 구들의 순서를 비교해보자.

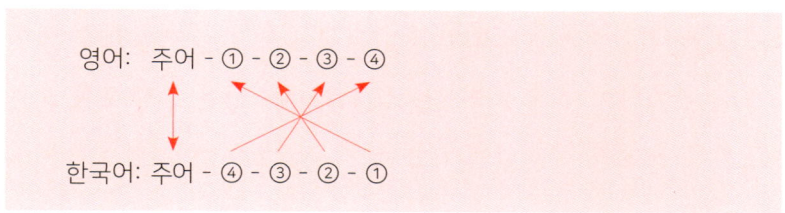

제발, 단어 공부 좀 시키지 말아주세요!

이 구 구성방식의 차이에 맞춰 거꾸로 우리말을 영어로 바꾸는 과정을 살펴보자. 먼저 주어를 말한 다음 우리말 맨 끝으로 가서 구 단위로 차례로 거슬러 올라가며 영어로 바꿔나가게 된다.

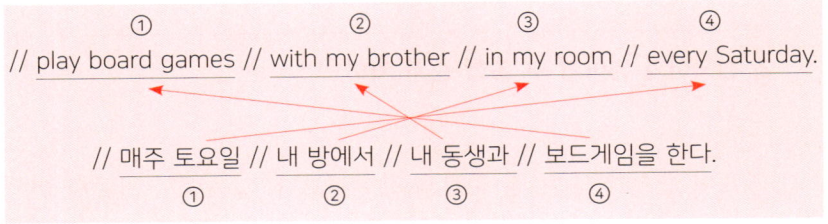

이렇게 구가 역순으로 배열되는 것은 문장의 중심축 역할을 하는 동사의 위치 때문이다. 우리말은 동사가 뒤에 온다. 따라서 왼쪽에서 오른쪽으로, 즉 앞 ①,②,③이 뒤에 있는 ④를 수식한다. 반면에, 동사가 앞에 오는 영어에서는 오른쪽에서 왼쪽으로, 즉 뒤에 있는 ②,③,④가 앞 ①을 수식한다.

물론 우리말은 구순이 자유로운 편이기 때문에 역순번역이 언제나 딱 맞아떨어지는 것은 아니다. 하지만 위 영어 문장의 구순은 가장 자연스럽고 전형적인 순서이다. 영어에서는 동사가 먼저 오기 때문에 '보드게임을 한다' 부분이 가장 먼저 오는 것은 당연하다. 또, 행위를 함께 한 사람이 바로 이어서 오는 것은 매우 자연스러운 순서다. 그리고 때와 장소를 나타내는 말은 문장 뒤에 오는데, 같이 올 때면 우리말에서는 '때 → 장소' 순서이지만 영어에서는 '장소 → 때' 순서로 배열되는 것이 정석이다. 우리말에서는 '지금 여기서'라고 하지만 영어에서는 반대로 'here and now'라고 한다. '언제 어디서나'도 영어로는 'anywhere, anytime'이다. 참고로, 장소 표현이 여러 개가 나오거나, 때를 가리키는 말이 여러 개 나오게 되면, 우리말에서는 '큰 단위 → 작은 단위' 순서로, 영어에서는 거꾸로 '작은 단위 → 큰 단위' 순서로 배열된다. 그래서 주소를 쓸 때, 우리는 '나라이름 → 번지', 영어에서는 '번지 → 나라이름' 방향으로 써나간다. 또, 우리는 '어제 오전 10시에'라고 하고, 영어로는 'at 10 am yesterday'라고 한다.

　사실, 위 문장에서 'I play board games'까지만 완성하면 나머지 구의 순서는 의사소통의 관점에서 보면 크게 문제가 되지 않는다는 점도 기억해두면 좋다. 다시 말해서, 우리말의 구의 순서가 위의 예처럼 영어와 완전한 역순으로 맞아떨어지지 않아도 의미전달에 문제가 되지 않는다는 말이다. 그 이유는 앞서 언급하였듯이 동사가 중심축이 되기 때문이다.

play - play board games - play with my brother - play in my room - play every Saturday
(한다 - 보드게임을 한다 - 내 동생과 한다 - 내 방에서 한다 - 매주 토요일에 한다)

보다시피, 동사만 정해지면 나머지는 그 중심축에 걸치는 부속품과 같다. 최소문장으로서 'I play board games'만 내보내고 나면 구의 순서가 좀 바뀌더라도 뜻을 전달하는 데 별 문제가 없는 이유가 여기에 있다. 따라서 동사가 앞에 오는 영어에서는 가장 먼저 어떤 동사를 사용하여 최소문장을 만들 것인지를 파악하는 것이 중요하다. 이 과정을 이해하려면 역시 문장은 단어가 아니라 구가 결합해서 만들어진다는 점을 먼저 이해해야 한다.

구순감각의 원리는 읽기 및 독해에서도 그대로 적용된다. 읽기 전문가들은 초보자들이 읽기를 할 때 문장을 구 단위로 읽도록 유도할 것을 권장하는데, 단어별로 읽다 보면 문장이 조금만 길어져도 끝에 도달하기도 전에 이미 시작 부분을 잊어버리기 때문이다. 단기기억 관점에서 설명하면, 다섯 단어를 넘어가는 긴 문장은 읽기가 잘 안 된다는 말이다. 이런 점에서 영어 초보자일수록 오히려 단어중심의 읽기를 해서는 안 된다. 연구에 의하면, 실제로 구생각단위 중심의 읽기 chunk/phrase reading를 하면 낮은 수준의 학습자들에게서 가장 뚜렷한 효과가 나타나는 것으로 알려져 있다. 달리 해석하면, 영어를 시작할 때부터 청크에 길들여져야 한다는 말이다.

단기기억 용량의 범위 안에 드는 짧은 문장이어서 앞부분을 잊어버리지 않더라도 해석이 잘 안 된다면, 문장 및 구 구조에 대한 감각이 형성되지 않은 채 단어만 암기한 데 따른 오류일 가능성을 점검해봐야 한다. 한 예로, 어떤 아이가 'Many people like candies.'

을 읽고 '사람들이 사탕을 많이 좋아한다.'라고 해석하는데, 일시적이 아니라 학년이 바뀌었는데도 여전히 그렇다는 말을 들었다. 이것은 many people을 청크로 익히지 않고 many 따로 people 따로 익히는 식의 단어학습에 너무 치중하다 구 구조감각이 잘 길러지지 않은 것이 주된 이유로 보인다. 그래서 '많은'과 사탕의 의미관계를 자신의 경험과 관찰에 비추어 해석한 듯하다. 결국 근본적인 문제는 구조감각이 약한 데 있으므로 청크 단위로 어휘를 익히는 습관을 강화하는 데 좀더 관심을 가질 필요가 있다.

한편, 읽기는 듣기와도 상관관계가 있어서, 읽기가 잘 안 되는 아이들은 듣기도 잘 안 되는 경향이 있다. 단어를 하나씩 읽어가는 아이는 귀도 단어를 쫓아간다. 구순감각이 형성된 아이는 생각단위로 읽고 듣는 것도 생각단위로 듣는다. 그래서 읽기 속도와 듣기 능력은 비례한다. 다시 말해서, 생각단위 중심의 읽기 습관은 생각단위 듣기 말하기로 이어지고 거꾸로, 생각단위의 듣기 말하기 습관은 생각단위 읽기로 이어지는 상호 강화작용이 있다.

## 4. 구순감각과 정보구조: 'Think in English'

이번에는 각 구에 담긴 내용, 즉 정보를 문장 안에 담아내는 방식을 보여주는 정보구조 information structure 관점에서 구순감각을 설명해보려 한다. 당연히, 단어조합 사고방식으로는 이해할 수 없는 이야기다.

  이 책에서 말하는 정보구조란 어떤 내용의 말을 먼저 하고, 어떤 내용의 말을 뒤에 하는지를 보여주는 구조를 가리킨다. 우리말과 영어는 글 안에서 정보를 조직하는 방식이 크게 다르다. 우리말에서는 내용 전개가 기승전결로 이루어진다. 그리고 내용의 요점은 결론에서 드러난다. 반면에, 영어에서는 요점이 먼저 나오고 부연설명은 뒤에 한다. 흔히 영어시험에서 "다음 지문의 주제로 가장 적절한 것은?" 같은 문제가 나오면, 선생님들이 지문 맨 앞을 보라고 하는 이유가 여기에 있다. 요점을 먼저 제시하는 영어의 특성은 개별 문장 안에서도 동일하게 적용된다. 영어의 정보구조를 이해하면 어떻게 원어민처럼 생각하느냐, 즉 '영어식 사고 thinking in English'를 할 줄 알게 된다.

  여기서는 에세이 수준이 아니라 문장 수준에서 정보구조를 다루어 볼 것이다. 구의 순서는 곧 생각단위의 정보 배열순서이기 때문에, 구순감각은 곧 어떤 정보를 가진 구를 먼저 내보내고, 어떤 정보를 가진 구를 뒤에 내보내는지에 대한 감각이라고 할 수 있다. 먼저 아주 익숙하고 쉬운 예를 가지고 시작해보자.

    It's nice to meet you.
    I'm glad to meet you.
    만나서 반갑습니다.

영어와 우리말을 비교해보면 말의 순서가 다르다는 것쯤은 이제 쉽게 보일 것이다. 영어에서는 "반갑다"라는 말을 먼저 하고, 한국어에서는 나중에 한다. 다시 말해서, 영어에서는 요점결과부터 얘기하고, 왜 그러한지 부연설명은 뒤에 한다. 반면에 우리는 일어난 일부터 얘기하고, 그래서 어쨌다는 건지는 끝에 가서 말한다('조선말은 끝까지 들어봐야 안다'는 속담이 그래서 생겨난 건지도 모른다). 영어와 우리말의 이러한 정보구조 차이를 도식화하면 다음과 같다. '부연설명'은 줄여서 '부연'이라고 하겠다.

한국어 문장: [부연] → [요점]

영어 문장: [요점] → [부연]

이 구조는 둘 이상의 생각단위로 이루어진다. 단순히 어순감각의 관점에서 본다면, 각 생각단위 안에서의 순서는 X자 교환으로 간단하게 처리되지만, 생각단위끼리의 순서바꿈까지 있기 때문에 한층 복잡해지고 처리 난이도가 급상승한다. 물론, 정보구조 문법도 감각적으로 얼마든지 터득될 수 있다. 적절한 노출과 연습만 있으면 잠재의식에서 패턴을 어렵지 않게 읽어낼 수 있기 때문이다.

문장 차원에서 영어 정보구조를 이해하는 방법은 우리말 문장과 영어 문장을 직접 비교해보되 우리말이 영어로 어떻게 번역되는가

제발, 단어 공부 좀 시키지 말아주세요!

를 살펴보는 것이다. 그러기 위해 영어 문장을 우리말로 번역한 다음 다시 우리말이 영어로 어떻게 번역되는지 비교해보는 것도 괜찮다. 비교할 때는 다음과 같은 관점에서 살펴보면 효과적이다.

첫째, 우리말 문장의 어느 부분이 영어 문장에서 요점, 즉 최소 문장'주어-동사-목적어/보어'이 되었는가?
둘째, 부언으로서 나머지 부분은 영어 문장에서 어떤 방식으로 처리되었는가?

부언이 처리되는 방식이란 전치사구, 부정사구, 절 등 어느 구조로 처리되느냐를 말한다.

영어식 정보구조는 특히 우리말 문장에서는 동사가 두 개인데, 상대되는 영어 문장에서는 하나일 때 가장 잘 드러난다. 우선 간단한 연습으로 시작해보자. 아래 두 문장을 영어로 말해보라. 어느 문장이 영어로 말하기에 난이도가 더 높을 거라 생각되는가?

나는 운동장에서 배드민턴을 친다.
운동장에 있는 쟤가 내 여동생이야.

아마 첫째 문장보다는 둘째 문장이 조금 더 어렵다고 느끼지 않을까 짐작된다. 문법적 정확성을 떠나서, 첫 문장을 영어로 말할 때는 어떤 말을 먼저 하고 어떤 말을 뒤에 할지가 쉽게 떠오를 것이다. 당연히 '배드민턴을 친다'는 말을 먼저 하고 이어서 장소를 말하면 된다. 요점과 부언의 순서가 우리말과 반대라는 것을 모르더라도 이 정도 생각해내는 데는 어려움이 없을 것이다.

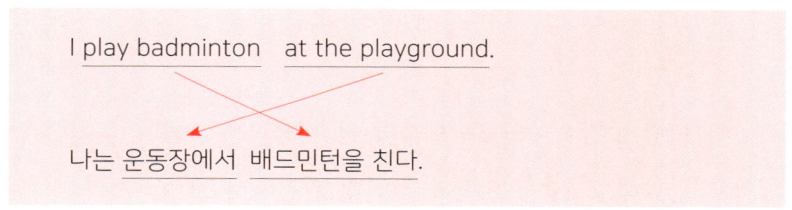

그럼 동사가 '있다'와 흔히 be 동사에 해당하는 걸로 여겨지는 '이다'까지 두 개라고 할 수 있는 둘째 문장은 어떤가. 어쩜 아래와 같이 번역을 한 사람이 있을 것이다.

The girl who is at the playground is my sister.

물론 문법적으로 틀린 문장이 아니다. 다만 일상의 가벼운 대화에서라면 불필요한 단어가 많아서 장황하고<sup>wordy</sup> 구조가 복잡해서 딱딱하다고 원어민이 느낄 것이다. 동사도 두 개를 사용했다. 그런 면에서 아래의 번역이 이보다는 세련됐다고 할 수 있다.

제발, 단어 공부 좀 시키지 말아주세요!

The girl at the playground is my sister.

반면에, 우리가 일반적으로 접하는 문법으로 배워서는 아래와 같은 문장이 나오기가 쉽지 않을 것이다.

That's my sister at the playground.

만약 이렇게 말했다면 그 사람의 영어 실력은 고급 수준에 도달했다고 평가해도 된다. 요점과 부언의 관점에서 보면, '쟤가 내 여동생이야'가 요점이고, 그 애가 어디에 있는지는 부언이다. 따라서 위 번역은 영어식 정보구조, 즉 영어식 사고를 보다 높은 수준으로 습득했음을 보여준다.

이 점이 이해되었다면 아래 문장을 영어로 옮겨보라.

책상 위에 있는 저 가방 네 거야?

만약 'Is that bag on the desk yours?'라고 번역했다면 한국어식 사고로 번역한 것이다. 요점은 '저 가방 네 거야?'이다. 가방의 위치는 부언이다. 따라서 보다 영어다운 표현은 아래와 같다.

Is that your bag on the desk?

이제 아래 우리말 문장들을 영어로 말해보라. 이 역시 잘 살펴보면 위와 동일한 패턴임을 알 수 있을 것이다.

여기 오른쪽에 계신 분이 우리 엄마야.
뒤에 있는 친구들 제 말 들리나요?
너 손에 들고 있는 거 뭐야?

각 문장에서 무엇이 요점인지를 생각해보라. 그리고 그 생각이 아래 영어와 일치하는지 확인해보라. 요점에 해당하는 영어 문장은 매우 단순한 구조의 최소문장이다. 또, 나머지 부언 부분이 얼마나 단순하게 처리되었는지 보라.

This is my mother on the right.
Do you hear me in the back?
What's that in your hand?

위 문장들에서도 요점에 이은 부언 부분은 모두 위치를 가리키는 전치사구로 처리되었다. 그런데 우리말에서는 이 전치사 부분이 모두 또 하나의 동사를 포함하고 있다('계시다', '있다', '들고 있다'). 그래서 영어에서는 전치사구를 잘 익히는 것이 굉장히 중요하다. 우리말에서는 흔히 동사가 들어가는 '절 clause'로 표현되는 부언이

제발, 단어 공부 좀 시키지 말아주세요!

영어에서는 전치사구로 처리되는 문장이 아주 많기 때문이다. 나아가, 이러한 예들은 단어만 익히는 것이 얼마나 허술한 학습법인지도 보여준다. 단어들은 그것들만 익혀서는 알 수 없는, 우리말과 매우 다른 문장구조와 용법 속에서 사용되기 때문이다.

조금만 더 연습해보자. 아래에서 요점은 무엇일까.


너 학교에 뭐 입고 갈 거야?


아마 '뭐 입을 거야?'가 요점이라는 게 이제 이해될 것이다. 학교에 가는 것은 부언이다. 이렇게 요점과 부언으로 나누고 보면 영어로 바꾸기가 훨씬 쉬워진다. 정보구조를 모른 채 전체 문장을 보면 복잡해 보이는데, 이제 한 단위씩 처리하면 어렵지 않게 처리된다. 먼저 '뭐 입을 거야?'는 번역하기 어렵지 않다. 다만, '계획'에는 'will'이 아니라 'be going to'를 쓴다는 점만 기억하자.


What are you going to wear?


다음으로 '학교에 간다'는 부분을 말해야 하는데, 여기서 전치사구의 위력이 나타난다. '간다'라는 동사를 쓸 필요가 없다. '이동'의 의미와 '방향성'의 의미를 동시에 갖고 있는 전치사가 있다. 바로 'to'다.

What are you going to wear to school?

우리말에서는 절 '학교에 가다'에 해당하는 말을 영어에서는 전치사구 'to school'로 간단히 처리해버린다. 'to go to school'이라고 하면 뉘앙스가 달라지거나 학교에 가기 위한 목적으로? 장황한 말로 받아들여진다. 하나 더 해보자. 아래 문장을 영어로 말해보라.

나는 길 위에 커다란 곰이 한 마리 서있는 걸 보았다.

당연히, '길 위에'는 요점이 아니고, '서있다'는 것도 아닌 것 같다. 그럼 남는 게 '나는 커다란 곰 한 마리를 보았다'이다. 맞다. 이게 요점이다. 이제 영어로 바꾸기 쉬워졌다.

I saw a big bear.

다음으로, '길 위에 서있다'는 것만 처리하면 되는데, 이제 이것도 상대적으로 쉬워졌다. 영어는 뒤에서 앞으로 수식하는 언어니까, 이 말이 앞에 있는 'bear'를 수식할 것이다. 그리고 진행 상태를 나타내니까 진행형으로 처리하면 된다.

I saw a big bear standing on the road.

제발, 단어 공부 좀 시키지 말아주세요!

한편, 우리말에서는 다음과 같은 두 가지 질문에 동일한 대답이 가능하다.

뭐하고 있어? - 공원에서 배드민턴 치고 있어.
어디 있어? - 공원에서 배드민턴 치고 있어.

우리말에서는 뭐 하는지 묻던, 어디 있는지 묻던 같은 정보구조의 대답이 가능하다. 하지만 영어에서는 각 질문에 대한 대답이 달라야 정상이다. 요점이 다르기 때문이다.

What are you doing?
  - I'm playing badminton at the park.
Where are you (at)?
  - I'm at the park playing badminton.

장소를 묻는 질문에 대한 답변에서는 장소가 요점이 되고 배드민턴을 치는 것은 부언이 된다. 반면, 현재 하고 있는 행위를 묻는 질문에 대한 답변에서는 배드민턴을 치고 있는 것이 요점이 되고 장소는 부언이 된다.
이쯤 되면 영어 문장의 정보구조에 대해 감이 조금 잡히지 않았을까 싶다. 만약 아직도 그림이 잘 안 그려진다면 여기까지를 한두 번만 다시 읽어보기 바란다. 그런 다음 아래의 나머지도 읽으면 더 잘 이해가 될 것이다.

지금까지는 전치사구가 부언인 예들을 살펴보았는데, 이번에는 조금 다른 유형의 문장을 보자.

I am glad you passed the exam.
네가 시험에 합격했다니 기쁘다.
I am sorry you didn't pass the exam.
네가 시험에 낙방했다니 유감이다.

아마 위에서 보았던 'I'm glad to meet you.'를 떠올린 사람이 있을 것이다. 정보구조 관점에서 보면 사실상 똑같은 패턴이다. 부언의 구조적 유형이 조금 달라졌을 뿐이다. 여기에서는 부언으로 부정사구 대신 문장이 왔다. 아마 영어에서 요점과 부언이 구조적으로 가장 느슨하게 연결되는 유형일 것이다. 그냥 '나는 기쁘다.'와 '너는 합격했다.', '유감이다.'와 '너는 시험에 떨어졌다.'를 나란히 배치했을 뿐이다. 그러고는 알아서 맥락에 맞게 해석하라는 식이다. 사실 이런 점이 두 문장 사이에 연결고리 역할을 하는 접속사 'that'이 쉽게 생략되는 이유일 것이다. 그럼 "늦어서 죄송합니다."는?

I'm sorry I'm late.

　이번에는 조금 긴 문장을 가지고 연습을 해보자. 아래 문장을 영어로 번역하되 'and' 같은 접속사도 일체 없고, 부사절도 없는 오로지 단문 simple sentence 으로 만들어보라. '단문으로'라는 말은 동사가 오직 하나밖에 없고, and나 or 같은 접속사도 없고, 종속절도 없다는 뜻이다.

　　　나는 학교 마치고 친구들과 편의점에 가서 점심을 먹었다.

　"접속사나 부사절 없이 어떻게 가능하지?"라는 생각이 들 수도 있다. 물론 그렇게 해도 문법적으로 틀리지 않고 자연스러운 문장을 만들 수 있다. 하지만 여기서는 영어의 정보구조에 대한 이해를 좀더 강화시켜보려는 뜻에서 단문으로 만들어보라는 것이다. 방법은, 요점을 잡고 나머지는 절이 아닌 구로 영어식 정보구성 순서에 맞춰 하나씩 배열하는 것이다.

　보통은 문장의 끝에 나오는 생각단위가 요점일 가능성이 확률적으로 가장 높다. 실제로, 여기서는 '나는 점심을 먹었다 I had lunch.' 를 요점으로 삼지 않으면 단문으로 처리하기가 어려울 것이다. 이제 부언을 처리할 것인데, 요점 문장의 의미를 생각하면 '누구와 with my friends' 먹었는지를 먼저 말하는 것이 자연스럽게 느껴질 것이다.

이제 남은 것은 '학교 마치고 after school'라는 시점과 '식당에 가서 at a convenience store'라는 장소다. 영어에서는 시간 표현과 장소 표현이 문장 끝에 오는 게 기본인데, 둘 다 있으면 역시 우리말과는 반대로 장소가 먼저, 시간이 뒤에 온다. 따라서 다음과 같은 문장이 만들어진다.

I had lunch with my friends at a convenience store after school.

앞에서 영어에서는 동사가 문장의 중심축 역할을 한다고 했는데, 위 문장으로 다시 한 번 상기해보자.

I had lunch / with my friends / at a convenience store / after school.
(점심을 먹었다 - 친구들과 먹었다 - 편의점에서 먹었다 - 학교 마치고 먹었다)

결국 영어는 요점이 되는 최소문장을 결정하는 것이 중요하고, 이것이 결정되고 나면 나머지는 동사를 중심축으로 해서 구 단위로 자연스럽게 연결해가면 된다. 이제 위 문장을 보지 않은 채 말로 유창하게 될 때까지 연습해보라. 그리고 잘 된다고 생각될 때 아래

제발, 단어 공부 좀 시키지 말아주세요!

문장을 영어로 바꿔보라. 물론 단문으로 해야 한다.

나는 길 건너 백화점에 가서 친구에게 줄 생일선물을 샀다.

그동안의 이야기를 잘 생각해보며 충분히 시도한 다음에 아래 주석에 제시된 문장과 비교해보라. 만약 다르다면 왜 그런 건지 잘 검토해서 파악해보기 바란다.[1]

영어의 정보구조 원리를 잘 이해하고 연습하면 한국어를 영어로 직역하는 식의 발화가 아니라, 영어식 사고를 활용하여 보다 쉽고 간결하게 말할 수 있게 된다. 뿐만 아니라, 읽기를 할 때도 앞으로 왔다갔다 하지 않고 읽어가면서 바로 이해하게 된다. 물론, 들을 때도 마찬가지로 그냥 들리는 순서대로 알아듣게 된다.

---

[1] I bought a birthday present for my friend (또는 a friend of mine) at the department store across the street.

**제4장**   **동사중심 학습이**
         **중요하다**

 앞에서 영어 문장은 동사가 중심축이라는 것을 강조했다. 그만큼 영어학습에서 동사중심 학습이 중요하다는 것을 의미하기도 한다. 동사와 달리, 명사는 그 단어 자체로 문장구조에 관한 정보를 제공하지 못한다. 문장 만드는 법에 관한 정보가 없다는 말이다. 그에 비해, 형용사는 이것이 수식할 수 있는 명사를 요구한다는 점에서 의미-구조의 연계성이 조금은 있다고 할 수 있으나 문장 전체의 구조와 연계되기에는 극히 제한적이다. 따라서 문장구조에 대한 감각을 기르는 데는 동사만 한 게 없다.

 여기서는 영어를 배우기 시작하면 be 동사 문장보다는 타동사 문장을 먼저 많이 익혀야 하는 이유와 문장생성감각을 빨리 기르는 데 효과적인 활동으로 동사 대체활동에 대해서 이야기해 보겠다.

### 1. be 동사부터 말고, 타동사부터 익히게 하자

우리나라 아이들이 영어를 처음 배우기 시작하면서 'be 동사'부터 배우는 것은 해롭다. 어순감각 등 문장구조에 대한 감각을 익히는 데도 도움이 안 되지만, 문법적 오류를 범하는 습관도 생길 수 있기 때문이다. 우리말과 어순이 다른 영어를 배우기 시작하면 하루빨리 익혀져야 하는 것이 바로 어순을 포함한 문장의 기본구조에 대한 감각이다. 그런데 be 동사는 그 자체로는 뜻이 없다. 흔히 '...이다'라는 뜻이라고 가르치는데, 많이 어설프다. 가령 'She is a teacher.' 같은 'A is B.' 형식의 문장에서는 '...이다'라는 설명이 통할지 몰라도, 'She is very kind.'나 'It is on the tree.'처럼 형용사나 전치사구가 보어로 나오는 형식의 문장에서는 그런 설명이 어린 학습자들에게 곧바로 이해되기는 쉽지 않다. 설령 실용적 측면에서 심각하게 문제되지 않는다 하더라도 어차피 그런 설명으로 어순감각이 형성되지 않는 것은 마찬가지다.

영어에서는 동사가 없는 구조를 원칙적으로 허용하지 않다. 마땅한 동사가 없으면 주어와 보어 사이를 메우고 연결해주는, 동사 역할을 대신해줄 뭔가가 필요하다. 그런 동사를 'linking verb'라고 하는데 be 동사는 바로 그런 연결역할을 한다. 시제를 알려주는 역할도 한다. 사실상 문법적 역할만 할 뿐이라고 보면 된다. 그래서 be 동사는 특별한 경우가 아니면 강세를 받지 않는다. 강세가 없으면 말할 때 축약이 잘 된다. 흔히 앞 단어에 달라붙은 형태 I'm, You're, She's, They're 등로 발화된다. 결국, 구조적으로는 '주어-동사-보어'지만, 감각적으로는 우리나라 영어 학습자들에게 '주어+be'가 한 덩어리로 느껴진다. 이 느낌이 고착화하여 종종 나타나는 현상이 습관적으로 be 동사를 집어넣는 오류이다. "I see clouds."라고 말해야 할 것을 "I am see clouds."라고 하는 식이다. 게다가 심리학적으로도 학습 초기단계에 익힌 것이 가장 기억에 오래가는 경향이 있는데, be 동사부터 배우면 이 심리현상과 be 동사의 의미부재가 겹쳐서 그런 오류를 유발하게 된다.

이런 부작용 없이 구조감각이 빨리 익혀지려면 뜻이 분명하게 있는 일반동사, 그 중에서도 타동사가 사용되는 소위 제3형식 문장을 먼저 많이 익히는 것이 효과적이다. 타동사는 뜻이 분명하고 목적어가 있어야 하는 동사다. 또, 우리의 일상생활에서 하는 행동을 보면 대상object이 없는 자동적 행위보다는 대상이 있는 타동적 행위가 훨씬 많다. 따라서 어느 언어에서나 타동사 문장의 빈도가 자동사 문장보다 단연 높게 나타난다. 그래서 모든 외국어 학습은 타동사 문장을 익히는 것으로 시작하는 것이 좋다.

그런데 초보자용 영어학습 교재에는 유독 be 동사가 많은 경향이 있다. 예를 들어, 초등학교 영어 교과서를 보면 처음부터 be 동사의 비중은 너무 높고, 그에 비해 타동사의 비율은 너무 낮은 경향이 있다. 아주 오래전부터 서구에서 들여와 사용되었던 초보자용 영어교재들이 흔히 그런 모습이었는데, 필시 그 영향이 크지 않을까 짐작된다. 이유야 어찌 되었든, 우리나라에서 영어를 처음 배우기 시작하면서 be 동사부터 접하는 것이 학습에 별로 효과적이지 못한 것은 분명하다. 영어의 바다에 빠지는 환경에 가서 배운다면 처음부터 be 동사가 많아도 큰 문제가 되지 않겠지만, 우리나라 같은 환경에서는 초기에 타동사 문장의 비중이 높아야 문장을 만들어 낼 수 있는 구조감각이 빨리 터득된다. 많은 일반동사 속에 소수의 be 동사가 섞이는 것은 괜찮지만 거꾸로는 안 좋다. be 동사는 일반동사로 많이 연습하여 구조감각을 터득한 후에 배워도 된다.

### 2. 유사한 의미의 동사는 유사한 구조를 취한다

동사는 어떤 문장구조를 사용해야 할지에 대한 정보를 제공한다. 그 이유는 어떤 행위나 현상을 말로 표현할 때, 즉 문장으로 구조화할 때 대부분 동사의 의미가 그 구조를 결정하기 때문이다. 그런 점에서 영어학습에서는 소위 문장5형식 관점보다는 '동사의 의미구조' 관점에서 접근하는 것이 더 효과적이다. 우리말에는 사용하지 않는 문장5형식은 아이들에게 매우 생경하지만, 동사의 의미에 따른 문장구조 결정은 기본적으로 모든 언어에 공통된 현상이고 잠재의식에 다 들어있기 때문에 어린아이들도 크게 어렵지 않게 받아들여질 수 있다. 너무 이른 5형식 지도는 여기에 방해가 될 수 있다.

　가령 타동사로서 'break'는 그 의미 속성상 'The cat broke the cup.'에서처럼 행위자누가 깼는가?와 행위의 대상무엇을 깼는가? 두 가지를 필요로 한다. 이 점은 아무리 어려도 본능적으로 안다. 능동태에서는 행위자가 주어가 되고 행위의 대상은 목적어가 된다. 그렇다면, cut자르다, erase지우다, melt녹이다, make만들다, build짓다, cook요리하다 같은 동사들도 모두 'The cat broke the cup.'과 똑같은 구조를 취할 거라는 건 어렵지 않게 느낄 수 있을 것이다.

She cut the bread.
그녀는 빵을 잘랐다.

He erased the words.
그는 그 단어들을 지웠다.

It melts the ice.
그것은 얼음을 녹인다.

The woman makes dresses.
그 여성은 옷을 짓는다.

The child built a snowman.
그 아이는 눈사람을 만들었다.

They cooked barbecue chicken.
그들은 바비큐 치킨을 요리했다.

제발, 단어 공부 좀 시키지 말아주세요!

이 동사들은 모두 어떤 대상을 변화시키는 행위를 의미하고 있다. 즉, 모두 유사한 의미범주에 속하는 동사들이라고 할 수 있다. 의미범주가 동일하면 취하는 문장구조도 동일한 경향이 있다. 위 동사들은 모두 제3형식인 주어-동사-목적어 구조를 취한다. 우리말에서도 의미구조가 동일하여 모두 주어-목적어-동사 구조를 취한다.

동일한 동사인데 어느 때는 타동 구조를 선택하고, 어느 때는 자동 구조를 택하는지도 그 동사의 의미가 결정한다.

The cat broke the cup.
The cup was broken by the cat.
The cup broke.

첫 번째와 두 번째 문장은 동사를 타동사의 의미 '깨트리다'로 사용한 것인데, 다만 능동태 동사 구조에서는 고양이가 주어고, 수동태 동사 구조에서는 컵이 주어다. 세 번째 문장은 동사를 자동사의 의미 '깨지다'로 사용한 것이다. 첫 두 문장은 외부의 힘에 의해서 컵이 깨졌다는 의미를 나타내는 것이고, 세 번째 문장은 행위자가 있음을 무시하고 오로지 컵이 깨졌다는 사실에만 초점을 맞춘 것이다. 화자가 의도하는 동사의 의미에 맞춰 제3형식(다시 능동태 혹은 수동태) 혹은 제1형식 구조를 선택한 것이다. 문장5형식 관점은 단지 첫 번째 문장이 제3형식이고, 세 번째 문장이 제1형식이며, 그러므로 각각 타동사와 자동사로 쓰였다고 뒷북치듯 말할 뿐이다. 그리고 수동태 문장에 대해서 도대체 몇 형식이냐를 두고 아무런 의미도 없는 논쟁을 벌인다.

지금까지의 예만 보더라도, 영어학습에서는 동사가 의미하는 행위나 현상을 묘사하려면 어떤 요소가 필수적인지, 그 요소들이 어떤 문장구조로 실현되는지를 아는 것이 문장5형식 같은 구조문법을 익히는 것보다 더 효과적임을 알 수 있다. 다시 말해서, 언어의 속성상 모든 언어에 공통적이고, 모국어 습득 과정에서 잠재의식적으로 익숙해져 있는 동사의 의미와 구조의 관계를 기반으로 영어를 가르치고 배우는 것이 더 낫다는 말이다. 어차피 다섯 가지 형식으로 어린아이들에게 쉽게 설명되는 것도 아닌데, 굳이 생소하고 고도로 추상적인 문장5형식 문법을 서둘러 배울 필요는 전혀 없다.

### 3. 동사 대체활동으로 문장생성감각을 키우자

의미범주가 같은 동사들은 기본적으로 동일한 문장구조를 취하는 경향이 있다는 점에서, 유사한 범주의 동사들로 바꿔가면서 새로운 문장을 만들어보는 활동을 적극 추천한다. 동사 대체활동은 어린 나이에도 시도해볼 수 있는, 빠르게 문장구조에 대한 감각을 길러주는 손쉬운 방법이기 때문이다.

동사 바꿔보기를 하는데 처음부터 의미범주가 다르면 어린 학습자들은 동일한 문장패턴이라는 게 얼른 와닿지 않을 수 있다. 가령 'I like apples.'와 'I have apples.'는 서로 같은 패턴이라는 사실을 쉽게 알아차리지 못할 수 있다. 따라서 처음에는 동일한 혹은 유사한 의미범주에 들어가는 동사들을 사용하는 것이 낫다. 예를 들어, 'I like chocolate.'이라는 문장을 활용한다면, 같은 의미범주에 속하는 'love, hate, want, need' 같은 동사들을 사용하여 대체활동을 하면 좋다.

물론, 어린 학습자들에게 대체활동에서 사용하는 모든 동사들을 억지로 다 외우게 할 필요까진 없다. 한두 개 동사만 가지고라도 대체해보는 경험이 중요하다. 동사를 바꿔 새로운 말을 만들어낼 수 있다는 사실을 아이들이 인식하게 하여 구조감각 나아가 문장생성감각을 기르기 위한 목적이 더 크기 때문이다. 대체활동을 통해 감각이 길러지면 자연스럽게 단어 암기도 더 잘 될 것이다.

가르치는 사람 입장에서, 유사한 의미범주에 들어가는 동사들을 생각해내려면 약간의 의미 분석 연습이 필요하다. 위에서 제시한 것처럼 동사가 가리키는 행위나 현상을 묘사하려면 행위자, 피행위자 등, 어떤 요소가 반드시 있어야 하는지 알면 비슷한 유형의 다른 동사를 한두 개는 찾아낼 수 있다. 대체할 수 있는 동사를 비교적 쉽게 찾는 방법은 인터넷 검색을 활용하여 동의어synonyms와 반의어 antonyms를 찾아보는 것이다. 웬만한 영어사전 사이트에 들어가서 단어를 치면 동의어와 반의어가 나온다. 동의어와 반의어 제공에 특화된 사이트로 Thesaurus.com이 있는데, 여기에 들어가서 단어를 치면 두 가지를 조금 더 수월하게 볼 수 있다. 혹은 그냥 Google에서 'synonyms of ...', 'antonyms of ...'라고 치면 잘 나온다.

한편, 우리나라 초등학교 영어 교과서처럼 영어권의 구성방식을 따르는 교재는 동사 대체활동이 잘 되지 않는 경향이 있다. 거의가 '...에 대해 묻고 답하기'라는 의사소통기능 중심으로 설계되어 있기 때문이다. 의사소통기능이란 사용하려는 표현이 어떤 의도를 전달하고자 하는지를 가리키는 말이다. 의사소통 중심의 교재구성에서는 하나의 동사가 하나의 의사소통기능을 대표하는 성향이 강하다. 예를 들어, '좋아하는 것 묻고 답하기'가 단원의 핵심 의사소통기능이라면 줄곧 동사 'like'를 사용할 수밖에 없다. 동사가 고정되면 대체활동이 잘 안 된다. 매우 유사한 의미범주에 속하는 'want'는 '원하는 것 묻고 답하기'라는 의사소통기능을 대표하게 되고, 'like' 단원과는 별개의 기능으로 취급하여 아예 뚝 떨어진 단원에서 다루어지기도 한다. 이렇게 되면 두 동사가 동일한 의미범주에 속하고 동일한 구조의 문장에서 사용됨에도 불구하고 서로 매우 다른 성격인 것처럼 여겨지게 되어 동사와 문장구조의 관계가 쉽게 익혀지지 않게 된다. 따라서 이런 교재를 사용할 수밖에 없다면 동사의 의미범주를 고려한 재구성을 하거나, 하다못해 유사한 의미의 새로운 동

제발, 단어 공부 좀 시키지 말아주세요!

사를 소개하고 교체하면 어떻게 될지 물어보는 질문이라도 종종 던져볼 것을 추천한다. 그럼 생각보다 괜찮은 반응과 결과를 보게 될 것이다.

품사가 달라 동사 대체와는 관련이 없지만, 의사소통기능 중심의 설계에서는 유사한 다른 문제도 생겨난다. 예를 들어, 구조가 동일하고 단어 하나만 바꾸면 되는 'What time is it?'과 'What day is it?'을 각각 '시각 묻고 답하기'와 '요일 묻고 답하기'라는 별개의 의사소통기능을 가진 것으로 다루면서 멀리 떨어뜨려 놓는 경우가 흔하다. 여기에는 어휘중심 지도가 큰 원인으로 작용한다. 'What time is it?' 단원에서는 시각 표현 seven o'clock, seven thirty 등에 초점을, 'What day is it?' 단원에서는 요일 표현 Sunday, Monday 등에 초점을 맞춘 지도를 하도록 설계되어 있기 때문이다. 문장구조는 그런 어휘들을 사용하게 해주는 일시적인 도구 정도로 활용될 뿐이다. 구조를 익혀주는 학습이 우선이 아닌 것이다. 구조학습이 되려면 이런 단원들은 통합되거나 나란히 병치되도록 설계를 해주어야 한다.

결국, 상대적으로 어휘학습 비중이 큰 영어권 방식 지도법을 맹목적으로 받아들이면 초기에 문장구조 감각이 빨리 익혀지지 않는 문제가 발생할 가능성이 높다. 우리 아이들에게는 어휘학습 이전에 기본 문장구조가 우선적으로 익혀질 수 있도록 지도하는 것이 매우 중요하다. 그런 점에서 우리나라 어린이들에게 보다 적합한, 문장구조 감각을 먼저 기르는 단원 구성 및 지도법이 필요하다.

# Highlights

- 말은 '4±1단위'의 단기기억 용량으로 처리된다.
- 단기기억 원리상 낱개의 단어들을 조합하는 방식으로는 절대 유창한 발화를 할 수가 없다
- 문장은 단어의 조합이 아니라 생각단위, 즉 구의 조합이라고 인식해야 한다.
- 단어들을 생각단위로 묶어야 단위의 수가 줄어들고 단기기억에서 쉽게 처리할 수 있다.
- 구 안에서의 어순도 다르지만 구들의 순서도 우리말과 다르므로 어순감각보다는 구순감각을 더 잘 익혀야 한다.
- 구순감각을 익히는 것은 문장의 정보 구성방식을 익히는 것이고, 영어로 생각하는 법을 익히는 것이다.
- 영어의 정보구조 원리를 익히면 세련되고 유창한 듣말읽쓰 능력이 길러진다.
- be 동사보다는 일반동사, 그중에서도 타동사를 먼저 익혀야 문장구조에 대한 감각이 빨리 길러진다.
- 추상적인 문장5형식보다는 잠재의식에서 이미 익숙한, 동사의 의미와 문장구조의 관계를 이해하는 것이 더 쉽고 유익하다.
- 유사한 의미범주에 속하는 다른 동사들로 대체활동을 하면 문장생성감각이 잘 길러진다.

## Part 2

### 4문형 패턴 학습으로 문법감각 먼저 길러주세요

제1장　**문법지식이 아니라**
　　　**문법감각이 중요하다**

어차피 말을 잘하려면 문법을 알아야 한다. 암기한 문장을 말하는 것은 괜찮지만, 새로운 말을 만들어내는 것은 문법 없이 불가능하기 때문이다. 하지만 어른들이 생각하는 지식으로서의 문법을 어린이들이 익히는 것은 대단히 어려운 일이다. 문법지식은 고등사고력을 요구하고, 어린이들은 아직 인지발달이 충분히 되지 않은 단계에 있기 때문에 감당하기에 너무나 버겁다. 어린 나이에 영문법 지식을 익히려면 영재급으로 태어났거나, 남다르게 끈질긴 성격을 타고 났거나, 아니면 소위 '덕후'가 되어야 한다. 극히 소수의 아이들만이 해낼 수 있는 일이라는 말이다. 여러분의 아이가 이 셋 중에 하나가 아니라면, 사교육에서 아이에게 부여하는 레벨과 성적에 관계없이 매우 힘들어하고 있다는 사실을 알아야 한다. 어린 나이에 문법지식을 배우는 것은 무모한 일이나 다름없다. 무엇보다도, 어린이들은 문법을 지식으로서가 아니라 감각으로 터득해야 하며, 그렇게 할 때 보다 쉽고 덜 고통스럽게 익힐 수 있다는 것을 기억해야 한다.

### 1. 진정한 영어학습의 시작은 언제부터일까?

필자는 어느 날 문득 "우리나라 같은 환경에서 어린아이들에게 진정한 영어학습의 시작은 어느 시점부터일까?"라는 다소 엉뚱한 질문을 떠올리게 되었다. 사람들은 아이들이 알파벳을 배우기 시작하면 영어학습을 시작했다고 생각하는데, 불현듯 그건 좀 아닌 것 같다는 생각이 든 것이었다. 어차피 알파벳과 파닉스 정도 하는 것으로는 곧바로 기초적인 말을 하거나 글을 읽고 이해할 수 있는 것도 아니다. 결국, 매우 초보적일지라도 '말'을 할 수 있으려면 가장 기본적인 문장을 만들어낼 수 있는 감각이 형성되어야 하고, 이 기초적인 문장생성감각이 형성된 시점을 진정한 영어학습의 시작점으로 봐야 한다고 결론을 내리게 되었다. 이 감각이 형성되지 않으면 듣기, 말하기, 읽기, 쓰기 '듣말읽쓰'와 문법 어느 하나도 순조롭게 나아갈 수가 없기 때문이다.

영어학습 시작점에 대한 이 생각 역시 자전거 타기에 비유할 수 있다. 처음에는 어른이 뒤에서 잡고 도와주다가 아이가 좀 감을 잡았나 싶으면 슬그머니 손을 놓아본다. 아직 아닌 것 같으면 다시 잡아주고 또 괜찮겠다 싶으면 놓아본다. 그러다 조금 비틀거리더라도 일단 아이가 혼자 타기 시작하기만 하면 씽씽 달리는 데까지는 얼마 걸리지 않는다. 결국, 아이가 감을 잡고 조금 비틀거리더라도 혼자 타기 시작한 바로 그때부터가 자전거 타기의 진짜 시작이라고 할 수 있다.

어린이 영어교육에서는 가장 기본적인 문장을 말할 수 있을 때가 본격적인 영어학습의 시작점이라고 할 수 있다. 그 이전은 '영어학습 준비단계'이고, 영어의 가장 기본적인 문장구조를 감각적으로 익히고 말할 수 있도록 해주어야 하는 기간이다. 그런데 우리나라 영어교육에서 가장 허술한 부분이 바로 이 준비단계 지도법이다. 거의 누락되어 있다고까지 말할 수 있다. 주된 원인으로는 첫째, 언어적인 면에서나 학습환경 면에서나 우리나라와 성격이 매우 다른 영어권의 지도방법을 우리 영어교육이 거의 그대로 모방하는 성향을 들 수 있고 둘째로, 우리 환경에서 낯선 외국어를 배우는 아이들에 대한 심리학적인 이해의 부족을 들 수 있을 것이다.

영어권 방식의 영어 초보학습자를 위한 교재들은 전형적으로 다양한 상황을 제시하고, 각 상황에서 사용할 수 있는 표현들을 익히는 방식이다. 즉, 실제 상황에서처럼 대화하는 법을 곧바로 가르치는 방식이다. 이것은 기본적인 문장을 구사할 수 있는 준비가 갖춰진 상태에서 학습이 가능한 설계이다. 다시 말해서, 언어노출량도 많고 학습동기가 강할 수밖에 없는 영어권 나라에서 배우는 상황이 전제된 방식이라고 할 수 있다. 따라서 이 방식을 영어 노출량도 아주 적고 학습동기도 매우 약한 우리나라에 그대로 적용하면, 구조감각이 전혀 형성되어있지 않은 아이들을 준비단계를 건너뛴 채 가르치는 것이 됨으로써, 기대하는 학습효과는 나지 않고 자칫 아이들만 좌절하는 문제가 발생하게 된다. 영어 문장구조에 대한 감각이 없는 상태에서 어린이들에게 덥석 특정 대화만 반복하게 하는 것은 마치 무턱대고 처음부터 자전거를 던져주고 그냥 타라고 하면서 뒤에서 잡아주는 도움도 주지 않는 것과 같다. 당연히 분석능력도 약한 어린아이들이 쉽게 감을 잡을 리가 없다. 그냥 어른들이 잠시만 뒤에서 잡아주고 도와주면 되는 일인데, 그걸 안 해준다. 준비단계의 필요성과 성격에 대한 인식이 없다보니 그냥 건너뛰어 버리고 있는 것이다.

반론의 여지가 없진 않겠으나, 20여 년 동안 꽤 많은 초등교사들을 만나고 가르쳐왔지만 초등영어 교과서로 아이들을 가르쳐보니 효과가 좋더라는 말을 하는 교사를 본 적이 없다. 교사 탓을 할 수도 있지만, 충분히 열정적으로 가르치는 교사들조차도 열심히 가르쳐봐도 예상한 만큼 결과가 나오지 않더라는 말을 한다. 그래서 사교육 없이 학교에서 하는 영어만으로는 안 된다고 말하는 사람도 많다.

조금 다른 성격의 예로, 종종 어린 영어 학습자들의 문해력 literacy 을 길러주는 방법으로서 흔히 동화책을 활용한 다독을 시도한다.

다독 자체에 문제가 있다고 보진 않는다. 다만 준비단계를 통해 기초적인 문장구조 감각이 길러져 있지 않으면 아이들이 다독을 시작하기가 어렵다는 점에 주목해야 한다. 그동안 초등학교 등에서 다독 프로그램을 시행한다고 하면, 타고난 재능이나 집념이 있는 아이들이라면 모를까 기초가 안 되어있는 아이들에게 그게 가능할까라는 의구심이 먼저 들곤 했다.

몇몇 교사들에게 들은 얘기인데, 학교에서 다독프로그램을 만들어 운영해보면, 한 학기가 지났을 때 여전히 못하는 아이들은 못하고, 책을 다 읽고 교사에게 찾아오는 아이들은 원래부터 잘하던 '단골손님'밖에 없더라는 것이다. 또, 처음에는 못하는 아이들도 재미있어 하지만, 알고 보면 새롭게 접하는 책들의 그림 같은 것에 대한 호기심 때문이고 얼마 안 가서 시큰둥해지고 말더라는 것이다. 글을 읽고 이해할 수 있는 최소한의 능력이 안 갖춰지면 이렇게 될 수밖에 없다. 가장 기본적인 문장구조에 대한 감각도 없어서, 단어를 알려줘도 잘 읽고 이해하지 못하는데 자꾸 책만 많이 읽으라고 한들 효과가 있을 리 없다. 아이들의 영어에 대한 흥미는 책이 재미있어 보인다는 것만으로 생겨나지 않는다. 먼저 읽을 수 있는 최소한의 능력을 갖추게 해주어야 도전할 마음이 생기고 성취에 가속도가 붙을 수 있다.

## 2. 영어권과 우리나라는 학습환경이 완전히 다르다

문장생성감각을 습득하게 하기 위한 영어학습 준비단계는 어른들이 가장 잘 이해해야 하고, 가장 친절해야 하는 시기이기도 하다. 가장 주의깊게 살펴야 할 것은 영어권과 대조되는 우리나라의 영어학습 환경이다. 어린이 영어 지도의 첫 단추를 잘못 끼우는 가장 큰 원인이 환경에 대한 이해부족과 영어권에서 통하면 우리나라에서도 통할 것이라는 착각이다. 거꾸로 보면, 환경차이에 대한 깊은 이해에서 우리에게 효과가 좋은 영어학습 방법과 문제해결의 실마리가 나온다.

영어권에서 영어를 학습하는 것과 우리나라에서 영어를 학습하는 것 사이에는 아주 다양한 차이가 있지만, 가장 크고 중요한 환경적 차이로 두 가지를 들 수 있다. 하나는 살아가면서 얼마나 많이 영어에 노출되느냐, 즉 영어 노출량의 차이다. 다른 하나는 얼마나 절실하게 영어를 원하느냐, 즉 영어 학습동기의 차이다.

영어권에 살게 되면 소위 영어의 바다에 빠지게 된다. 삶 속에 온통 영어가 포진하고 있다. 티브이나 스마트폰을 봐도 영어, 학교에서도 영어, 친구와 놀 때도 영어, 식당이나 마트 등 어디에 가도 온통 영어다. 우리가 태어나서 모국어를 잘 하게 된 데는 아주 많은 언어 노출량이 결정적으로 작용한 것이다. 언어 노출의 질도 좋아서 교실 같은 폐쇄된 공간에서 배우는 것과 비교가 되지 않는다.

그래서 말하는 법<sup>문법</sup>을 따로 가르치지 않아도 단기간에 말을 할 줄 알게 되는 것이다.

　우리나라에서는 일반적으로 영어 노출과 사용의 기회가 매우 제한적이다. 예를 들어, 초등학교를 보면, 영어수업을 40분씩 3-4학년은 일주일에 두 번, 5-6학년은 세 번 한다. 이런 징검다리식 수업을 영어로 'drip-feed' 수업이라고 한다. 'drip'은 물이 한 방울씩 떨어지는 모습을 뜻하는 말인데, 40분짜리 물방울을 2,3일 간격으로 떨어뜨려주게 되면 그 사이에 쉽게 말라버린다. 배운 걸 다 까먹어버리기 십상이라는 말이다. 게다가 4년 동안의 영어 수업을 다 합쳐도 약 227시간밖에 되지 않는다. 일주일에 한두 번 정도의 사교육으로 보완이 되는 데는 한계가 있다. 영어권에 비하면 노출의 질도 훨씬 떨어진다. 이런 빈약한 노출 환경에서 아이들에게 영어 능력을 길러주려면 영어권에서 가르치는 것보다 훨씬 더 치밀하고 창의적인 접근이 필요하다.

　학습동기에서도 영어권과 비영어권 사이에는 뚜렷한 차이를 보인다. 영어권에 가서 살게 되면 영어는 생존의 문제가 된다. 스스로 하겠다는 내적동기가 아주 강해진다는 뜻이다. 학교생활을 해나가야 하고 친구를 사귀어야 한다. 영어 없이는 불가능하다. 생존의 문제가 되면 누구나 할 수 있다. 소질과 거의 관계가 없이 하게 된다. 어린이들의 경우 소위 생활영어는 6개월 정도만으로도 터득할 수 있다. 실제로 우리 아이의 친구는 초등학교 4학년 때 미국에 6개월

간 다녀온 후 영어 소설책을 읽게 되었다. 생활영어는 어른이라 하더라도 웬만하면 2년이면 완성된다. 하지만 우리나라에서 영어는 아이들에게 생존의 문제가 아니라 선택의 문제일 뿐이다. 스스로 하겠다는 내적동기가 매우 약하다는 뜻이다. 게다가 문자도 발음도 그렇고 문법은 더욱더 그렇고, 어린이의 입장에서 보면 영어가 그렇게 절실하거나 재미있어 할 만한 이유가 없는 것이다.

결국 영어권 환경에서는 준비단계를 빠르게 마치고 기초적인 구사능력을 갖춘 상태에서 단어와 문법 등을 학습하는 하향식 학습이 이루어진다. 반면에, 우리나라는 노출량도 미흡한데다가 영어가 절실하지도 흥미를 가질 준비도 되어있지 않은 아이들에게 영어를 가르치는 상황이다. 이 상황에서 영어권 지도방식을 그대로 도입하면 영어 구사력이 전혀 없는 상태에서 단어와 문법을 익히는 상향식 학습이 될 수밖에 없다. 그럼에도 아이의 내적동기를 고려하지 않고 외적동기로 밀어붙여 고등사고력을 요구하는 문법 공부를 시키게 되면, 과도한 두뇌노동으로 인한 스트레스로 큰 효과를 보지 못할 뿐만 아니라 집중력 저하 등 인지적 부작용, 부모와의 관계 악화 등 정서적 부작용마저 겪게 될 가능성이 높아진다. 따라서 우리나라는 준비단계에서 단기간에 기본적인 문장을 구사할 수 있도록 해주어 하향식 학습이 이루어지게 할 방법을 찾아야 한다.

### 3. 성취감을 빨리 맛보아야 흥미가 생긴다

　교육학에서는 먼저 흥미를 유발해서 학습에 몰입하게 함으로써 좋은 성취로 이어지게 하는 방식이 일반적이지만, 외국어 학습에서는 거꾸로 성취감을 빨리 맛보아야 흥미를 느끼고 더 나은 성취를 향해 나아갈 수 있다고 생각한다. 우리나라 같은 환경에서는 아이들에게 "영어가 그렇게 어렵기만 한 것이 아니구나!", "생각보다 말 만드는 게 단순하구나!"라는 생각이 빨리 들지 않으면 있던 학습동기도 금방 식어버릴 수 있다. 달리 말하면, "어, 되네! 조금만 하면 나도 할 수 있겠네!"라는 성공 경험, 성취감을 빨리 맛보아야 학습동기와 흥미가 생겨나고 유지될 수 있다. 그러기 위해서는 가장 기본이 되는 구조의 문장들을 만들어낼 수 있는 문장구조 감각부터 최대한 빨리 길러주어야 한다. 그래야 영어학습의 시작점에 일찍 도달하고 고등사고력을 덜 요구하는 하향식 학습을 할 수 있게 된다.

　시작점까지 가는 준비단계는 비교적 단순하다. 기본적인 문장들을 만들어낼 수 있는 능력은 문법지식 없이도 얼마든지 기를 수 있다. 뒤에서 자세히 다루겠지만, 기본적인 문장이란 언어사용의 가장 기본이 되는 '묻고 답하기'에 필요한 두 가지 의문문<sup>긍부정 의문문, 의문사 의문문</sup>과 두 가지 평서문<sup>긍정문, 부정문</sup>을 말한다. 이 네 가지 문형은 매우 단순한 패턴을 갖고 있어서 어린이도 어렵지 않게 익힐 수 있다.

| 제2장 | **문법은 추상화다**

문법지식 습득이 왜 어려울까? 모국어 사용자들을 보면 어떤 방식으로든 문법을 잘 아니까 말을 정확하고 유창하게 하는 것일 텐데, 막상 어떤 문장을 두고 왜 문법적으로 맞고 틀리는지 설명해보라 하면 힘들어한다. 선생님이 우리말 문법을 설명해주어도 여전히 어려워하는 사람이 많다. 그 원인을 알려면 먼저 왜 사람들이 말은 잘 하면서도 문법은 어려워하는지부터 알 필요가 있다.

### 1. 문법은 원래 어려운 것이다

문법책은 원래 언어학자들이 언어를 분석하여 그 안에서 발견된 규칙성을 매우 추상적인 학술용어들을 사용하여 정리해놓은 것이다. 다시 말해, 원래부터 학문하는 사람들끼리 지식을 나누기 위해 쓴 것이지 일반인들 아무나 이해할 수 있도록 쓴 것이 아니다. 따라서 처음부터 일반인이 읽고 쉽게 이해할 수준의 내용이 아니다. 그래서 지금도 중고등 학생들뿐만 아니라 다수의 대학생들도 여전히 어려워하고 있다. 언어에 대한 분석능력 혹은 감각을 타고나거나 오랜 분석훈련을 받은 소수만이 이해할 수 있는 전문지식인 것이다. 이런 고등한 차원의 지식을 어린이들이 어렵지 않게 이해하고 익힐 수 있을 거라고 기대하는 것은 어른들의 아동발달과 지식 습득에 대한 몰이해 때문이다.

적어도 초등학교까지는 아이들이 분석적 사고력이 충분히 발달하지 못한 상태이기 때문에 모국어를 가르치는 국어시간에서조차도 주어, 서술어 같은 문법 용어를 사용하지 않는다. 하물며 외국어인 영어를 어린아이들에게 문법용어를 사용하여 지식으로서 가르친다면 어떠하겠는가. 대다수 아이들에게 효과도 없고 흥미만 떨어뜨리기 십상이다. 심지어 영어에 공포증이나 혐오증마저 생기게 할 수 있다. 어린 나이에 이렇게 되면 자칫 평생 영어를 잘할 수 없게 될 수 있다. 실제로 필자가 가르치는 곳이 꽤 높은 수준의 대학임에도 영어 공포증을 가진 학생들이 생각보다 많다. 영어를 못해서 학점을 날릴 상황까지 온 한 학생이 자기는 영어를 정말 못한다고 하소연하기에 "아니, 그 정도 영어실력으로 수능은 어떻게 쳐서 교대에 왔어?"라고 물으니, 해석도 안 되는 EBS 교재를 무작정 죽어라 외워서 운 좋게 점수를 땄다는 것이다. 어릴 때 영어 공포증이 생기면 이렇게 평생 떨치지 못할 수가 있다.

만약 아이가 영어를 심하게 싫어하거나 공포증을 보인다면, 억지로 시키기보다는 빨리 환경을 바꿔주는 게 좋다. 어쩌면 잠시나마 영어를 쉬게 하는 한이 있더라도 어린이친화적인 길을 모색해야 한다. 중고등 학생들에게 가르치듯 문법을 가르치는 곳에는 절대 보내지 말아야 한다. 재밌게 놀면서 영어가 익혀지는 곳을 찾아서 보내야 한다. 문법감각은 이런 곳에서 생겨난다. 아직 어린데 과하게 고등사고력을 요구하는 곳에 강압적으로 보내는 것은 결국 손해일 뿐이다. 어른의 성급함과 조급증이 삶을 시작한지 얼마 되지도 않은 아이들에게 치명적인 부작용을 안겨줄 수 있음을 기억해야 한다.

## 2. 문법책 지식으로는 유창하게 말할 수 없다

우리가 지식이라고 부르는 것은 두 가지로 나뉘는데, 하나는 '명시적 지식 explicit knowledge'이고, 또 하나는 '내재적 지식 implicit knowledge'이다. 명시적 지식은 의식적으로 터득하는 지식이며, 책이나 수업을 통해서 익히는 지식을 말한다. 학교나 학원의 문법수업을 통해 배운 지식은 대표적인 명시적 지식으로, 어떤 문장이 문법적으로 맞고 틀리는 이유를 구체적으로 설명할 때 사용할 수 있는 지식이다. 반면에, 내재적 지식은 잠재의식으로 익혀진 것으로, 문장을 보면 설명은 잘 못해도 맞는지 틀리는지 느낌으로 알 수 있는 직관적 지식이다. 태어나서 모국어를 익히는 과정이 전형적인 내재적 지식 습득 과정이다.

우리는 한국말을 할 때 문법을 의식하지 않고 의미전달에만 집중을 한다. 문법은 느껴지지 않는 저 깊은 곳에서 작동한다. 유창한 발화는 내재적 지식이 쌓였을 때 나온다. 어려운 문법책 한 권을 떼고 필기시험에서 100점을 맞아도 영어회화는 썩 잘 못하는 사람이 제법 많다. 과거에 문법으로 영어공부를 하던 세대는 요즘 세대에 비해 문법실력은 평균적으로 더 뛰어나지만 대다수가 말을 잘 못했다. 문법지식이 직접 유창한 발화로 이어지는 게 아닌 것이다. 지금은 문법책을 한 권도 뗀 적 없지만 말을 잘하는 사람이 꽤 많은데, 이런 사람들은 내재적 문법지식이 쌓였기 때문이다. 당연히 가능하다. 중요한 것은 내재적 지식이다. 또, 내재적 지식이 있는 사람이 명시적 지식도 더 잘 익힐 수 있다.

과거의 외국어교육 이론에서는 문법을 명시적으로 익히는 것을 당연시했지만, 지금의 흐름에서는 '유의미한 의사소통 meaningful communication'이라 부르는, 보다 실재적인 대화 활동을 필수로 하고 명시적 문법지식은 보조적인 수단으로 여긴다. 실제로 문법책 한 권 떼는 것보다 영어 회화책 한 권 안에 있는 문장들을 자유자재로 구사할 정도로 입으로 익히는 것이 문법도 내재화되고 말도 더 잘 할 수 있다. 사실, 현대의 외국어 습득 이론에서도 오랜 기간의 실험과 관찰 결과 어느 정도의 문법지도는 필요하다는 주장이 설득력을 얻고 있기도 하다. 하지만 이 경우도 과거의 문법지도 방식으로 되돌아가자는 것이 아니라, 유의미한 의사소통 활동을 기본으로 하고, 필요에 따라 문법 관련 활동을 보완적으로 접목함으로써 정확도가 높아지도록 유도하는 방식을 권장한다.

잠재의식에 의한 문법 내재화는 의식에 의한 분석보다 훨씬 더 정교하고 정확하다. 예를 들어, 영어 '관사와 수' 관련 문법은 실제로는 일반인들이 접하는 문법책에 나오는 설명보다 훨씬 더 복잡하고 설명하기 어렵다. 영어가 모국어인 언어학자들조차도 설명을 명쾌하게 하지 못하는 문법이다. 하지만 실제 사용은 거침없이 한다. 잠재의식으로 습득한 내재적 지식이 작동하기 때문이다. 한국어의 경우도 마찬가지이다. 국어를 연구한 사람들이 아닌 이상 성인들도 사실은 국문법을 잘 모른다. 말은 잘하지만 설명하라면 잘 하지 못하고, 설명해줘도 어려워한다. 예를 들어, 알고 보면 생각보다 복잡한 '은, 는, 이, 가'의 용법을 가지고 지금도 국문학자들이 어떤 설명이 더 합리적인지를 두고 논쟁을 하고 있다. 하지만 실제 사용에서는 어린이들도 어려움을 거의 느끼지 않는다. 문법책에 나와 있는 것은 실제 문법의 극히 일부일 뿐이다. 잠재의식으로 습득하면 오히려 더 수월하고 더 정확하고 곧바로 유창성으로 이어질 수 있다.

### 3. 문법은 추상화 작업의 산물이다

아이들은 잠재의식으로 아주 많은 문법을 알고 있다. 하지만 잠재의식에 있는 것을 의식세계로 끄집어내는 것은 고도의 추상화 작업이며 이론화 작업이다. 그리고 끄집어내어 특히 어린이들에게 설명하는 순간 쉽게 알아들을 수 없는 말이 되어버린다.

우리는 움직이는 물체의 속도와 거리의 변화를 눈으로 보고 감지할 수 있다. 탁구를 치면서 날아오는 공의 속도와 방향, 궤적 등을 눈으로 보고 판단하여 그에 맞게 빠르게 대응을 한다. 이때 우리의 뇌에서 이루어지는 프로세스는 미적분이라고 할 수 있다. 이 미적분을 의식세계로 끄집어내면 대학생도 쉽게 풀지 못하는 고등수학이 되어버린다. 말하고 들을 때 우리 뇌에서 일어나는 문법적 프로세스도 이와 유사하다.

단순하지만 실제 초등교사에게 들었던 예를 하나 들면, '300×10'을 풀지 못하는 5학년 아이가 있었는데, 이 아이에게 "300원짜리 아이스크림 10개 사면 얼마야?"라고 물었더니 망설임 없이 "3,000원이요."라고 곧바로 답하더라는 것이다. 어떻게 이럴 수가 있을까? 아이스크림 계산은 잠재의식적으로 터득되었지만 '300×10'이라는 수학공식은 의식세계로 끄집어내어 추상화시킨 것이다. 이 추상화에는 오래 전 인간이 정한 여러 가지 약속들이 들어있다. 다시 말해, '+, -, ×, ÷' 같은 인간에 의해 발명된 추상적 기호와 숫자들을 특정한 방식으로 표기하기로 약속한 수학 공식들은 당연히 태어나면 저절로 알아지는 것이 아니라 따로 가르치고 배워야 하는 인위적인 약속체계인 것이다. 그 인위적 약속체계와 풀이과정이 어린아이에게 처음부터 쉬울 거라 생각하면 안 된다. 마찬가지로, 말은 누구나 잘할 수 있지만 문법은 많은 약속된 용어들과 표기방식을 사용하여 추상적으로 기술한 것이다. 문법지식을 아이들이 쉽게 익힐 거라고 생각한다면 그건 큰 오산이다.

우리가 쉽다고 생각하는 '주어', '동사', '목적어' 등도 잠재의식에는 개념이 형성되어 있지만, 의식세계로 끄집어내면 결코 설명하기 쉽지 않은 추상적인 법칙의 일부가 된다. 필자는 지금까지 많은 대학생과 교사들에게 주어가 무엇이냐, 동사와 목적어가 무엇이냐 물어보았지만 정확하게 답하는 사람을 단 한 명도 보지 못했다. 예외 없이, 주어는 '행위의 주체', 동사는 '동작/행위를 가리키는 말', 목적어는 '행위의 대상이 되는 말'이라고 답하였다. 흥미로운 사실은, 심지어 인터넷에서 영어권의 영어교육 사이트를 들어가 봐도 거의 다 똑같다는 점이다. 그런데 이러한 설명은 우리의 뇌에 내재해 있는 언어지식의 실상과는 상당한 거리가 있다.

'The window broke.'에서 'The window'는 행위의 주체인가? 'The window was broken by a mysterious person.'에서 행위의 주체는 주어이고, 행위의 대상은 목적어인가? 'The sky is blue.'와 'It looks cute.'에서 'is'와 'looks'는 '동작/행위'를 가리키는가? 여

러분은 '행위의 주체', '동작/행위', '행위의 대상' 같은 정의로 'This book reads easily. 이 책은 수월하게 읽힌다.' 같은 문장의 주어와 동사를 설명할 수 있는가?

종종 '은/는/이/가'가 붙는 말이 주어라고 가르치기도 한다. 꽤 실용적인 설명이긴 하다. 그럼에도, 'It's rainy.'와 'There is a book on the table.'에서 'it'와 'there'는 '은/는/이/가'가 붙는 말인가? 그런데 왜 이것들을 '(가)주어'라고 부르는가? 한편, 언어학계에서는 문장의 화제 topic를 가리키는 말이 주어라고 하기도 한다. 여기서 화제는 그 문장이 무엇에 대해서 말하는 것인지 what the sentence is about를 가리킨다. 그리고 이 말을 주어라고 한다는 것이다. 'The storm broke the window.'는 'The storm'에 대해서 말하는 것이고, 'The window was broken by the storm.'은 'The window'에 대해 말하고 있다. 꽤 설득력이 있는 정의로 받아들여지기도 하지만, 이것도 논란의 여지가 없이 완벽한 것은 당연히 아니다.

문제는, '은/는/이/가'가 붙는 말이라고 가르치든, 화제가 주어라고 가르치든, 영어를 처음 시작하는 어린이들은 딜레마에 빠진다는 점이다. 영어 문장의 의미를 알아야 '은/는/이/가'가 붙는 말인지 아닌지 혹은 화제인지 아닌지 알 수 있다. 반대로, 문장의 의미를 알려면 능동태, 수동태 등을 포함한 문장구조를 알아야 한다. 의미를 알아야 'The storm broke the window.'와 'The window was broken by the storm.'의 구조 차이를 알 수 있고, 반대로 두 문장의 구조 차이를 알아야 뜻의 차이를 아는 딜레마에 빠지는 것이다.

사실은 처음부터 영어 공부를 논리적이고 분석적으로 시작하는 사람은 모두가 알게 모르게 이 단계를 거친다. 그리고 뇌의 적응기간이 지나면 직관적으로 알게 된다. 중요한 것은, 말만으로는 다 설명하기 어려운 의미-구조 관계에 대해 아이들이 빨리 감을 잡아서 이 딜레마 단계를 벗어나게 하는 것이다. 어린이들에게 하는 명시적 문법지도로는 여기에서 벗어나는 데 너무 많은 시간이 걸린다. 알고 보면 쉽다는 말은 알고 난 후의 얘기다.

### 4. 문법용어들의 함정에 빠지면 안 된다

문법용어들의 이름에도 함정이 있어서 주의가 필요하다. 이름 자체의 의미와 실제 의미 사이에는 흔히 차이가 있는데, 영어를 가르치는 사람들이 개별 문법용어들의 문자적 의미에 매달려 더 중요한 면을 놓치고, 나아가 의도치 않게 학생들을 헷갈리게 하거나 오개념을 심어줌으로써 기대하는 효과를 거두지 못하는 경우가 많다.

왜 다들 주어는 '행위의 주체', 동사는 '동작/행위', 목적어는 '행위의 대상'을 가리키는 말이라고 가르치는 걸까? 문법 개념들이 이름을 갖게 되는 과정을 잘 이해하지 못해서 그럴 것이다. 문법용어가 만들어지고 유지되는 과정을 알면 용어와 적용 사이에 왜 괴리가 있는지를 이해하게 되고, 아이들에게 어떻게 설명하는 것이 더 나은지 생각해보는 데 도움이 된다.

어떤 언어 현상이나 개념에 이름을 붙여줄 때, 처음에는 그 당시의 판단으로 가장 핵심적인 요소를 잘 드러내는 용어를 만들어낸다. 하지만 언어를 계속 더 살피다보면 결국에는 그 용어의 자구적 의미에 논리적으로 맞지 않아 보이는 사례가 나오기 마련이다. 그렇지만 한번 지어져 통용된 이름은 설사 초기에 개념을 잘못 잡았음이 발견되더라도 그냥 계속 유지되는 경향이 있다. 따라서 용어라는 것은 '편의상 그렇게 부르기로 한 것'라고 할 수 있다. 따라서 이름과 실제 적용은 별개일 때가 잦다. 실제 적용은 '이런 행동을 보이면 이거라고 가정한다'는 '실용적 정의'에 기반을 두고 있다. 실용적 정의는 판단의 틀 혹은 만족시켜야 하는 조건들을 제공하고, 거기에 대입해봄으로써 그 용어가 실제로 지칭하는 범주에 들어갈 수 있는 자격을 갖췄는지 판단하게 해주는 구체적인 방편이라고 할 수 있다.

가령 '명사'라는 용어를 보자. '사물의 이름을 가리키는 말'이 명사의 정확한 정의일까. 'Grammar is very hard.'의 grammar는 사물인가? 아니다. 처음 이름을 지을 때는 우리가 가장 쉽게 접하는 주변 사물들의 이름을 생각해서 '이름 名'을 붙여 명사 名詞라고 부르게 된다. 그리고 여기에 사물이 아닌 추상적인 개념을 가리키는 단어들도 '추상명사'라는 이름으로 명사 범주에 포함하게 된다. 문법적으로 사물을 가리키는 명사들과 거의 동일한 행동을 보여주기 때문이다.

이제 '명사'의 적용은 더 확장된다. 'To see is to believe.<sup style="color:red">직접 보면 믿을 수 있다.</sup>'에서 'to see'는 명사인가? 주어는 전형적으로 명사다. 그런데 이게 주어 자리에 있다. 그러므로 실용적 정의에 따라 명사에 해당한다고 볼 수 있다. 하지만 그냥 명사라고 부르기에는 단순한 일반명사와 형식이 좀 다르니까 '명사상당어구<sup style="color:red">nominals</sup>'라는 용어를 사용하게 되었다. 명사에 상당相當하는, 즉 명사에 해당한다고 할 수 있는 어구라는 말이다. 'Small is beautiful.<sup style="color:red">작은 것이 아름답다.</sup>' 같은 문장을 보면 누가 봐도 small은 형용사인데, 실용적 정의에 따르면 주어가 되었기 때문에 명사상당어구다(어린아이들이 이런 설명을 이해할까?).

이처럼 얼핏 전혀 어렵지 않아 보이는 명사조차도 말로 명쾌하게 정의되지 않는다. 문법책에서 사용하는 거의 모든 용어가 말로 쉽게 정의되지 않는다. 실상이 이러한데, 문법을 가르치는 어른들은 아주 쉬운 개념들인 것처럼 별 생각 없이 아이들에게 가르친다. 착각하지 마시라. 아이들에겐 절대 쉽게 이해되는 개념들이 아니다. 대학생 중에도 아직 이해 못 하는 사람이 많다.

### 5. 제3형식 기반으로 작명된 주어, 동사, 목적어

다시 '주어', '동사', '목적어'를 예로 들어보자. 원래 문법을 분석할 때는 가장 기본적이고 전형적인 문장구조를 가지고 시작한다. 언어는 당연히 인간이 사용하는 것이기 때문에, 살면서 일어나는 일들에 대해서 인간의 관점에서 묘사하는 경향이 강하다. 우리가 하는 행동을 잘 관찰해보면, 가장 높은 빈도를 보이는 것이 어떤 대상을 상대로 하는 '타동적' 행위이다. '손을' 씻고, '세수를' 하며, '밥을' 먹고, '물을' 마시고, '문을' 열고 닫으며, '책을' 읽고, '티브이를' 보고, '자동차를' 운전하거나', 아니면 '버스나 택시를' 탄다. 모두 대상을 가진 타동적 행위이다.

일반 영문법 용어로 말하면 제3형식이라 부르는 구조가 우리가 하는 말 중에 빈도가 가장 높다. 그래서 언어학에서는 세상 언어들의 어순을 비교할 때, 제3형식 문장의 주어, 목적어, 동사의 순서를 기준으로 분류를 한다. 또한, 언어는 인간중심이기 때문에, 제3형식 중에서도 사람이 행위자<sup>주어</sup>인 것이 당연히 가장 빈도가 높고, 다음으로 동물, 무생물 순이다. 영어에는 다른 언어들에 비해 무생물 주어를 가진 문장이 많은 편인데, 의인화를 활용한 수사학이 발달되어 왔기 때문이라고 볼 수 있다.

다시 용어 이름짓기로 돌아가서, 아래 문장들을 보자.

I have breakfast.

She drove a car.

He broke the cup.

 

이와 같은 전형적인 제3형식 문장을 보면, 주어는 '행위의 주체', 동사는 '동작/행위', 목적어는 '행위의 대상'을 가리키고 있다. 그래서 이 특성에 맞춰 '주어', '동사', '목적어'라고 이름을 짓게 되었다 (목적어라는 이름의 특이성에 대해서는 아래에서 다시 설명한다).

문제는 이 다음부터다. 위에서 언급했듯이, 실제로는 행위의 주체가 아닌 주어도 있고, 동작을 나타내지 않는 동사도 있다. 그래서 등장하는 것이 실용적 정의이다. 먼저 주어와 동사에 대해서 얘기하면, 실제 상황에서 주어인지 아닌지, 동사인지 아닌지를 판정할 수 있게 해주는 실용적인 '판단의 틀'이 필요하다. 앞서 언급하였듯이, 일반적으로 문장구조를 기반으로 단어 혹은 구가 어떤 행동패턴을 보여주는지를 보고 그것이 주어인지 동사인지를 규정한다.

 

Jake is a firefighter.

It looks awesome.

The window broke.

The window was broken by the storm.

위에서 처음 두 문장은 동사가 동작/행위를 나타내지 않는 문장의 예이고, 나머지 두 문장은 동사는 행위 혹은 사건을 나타내지만 주어가 행위의 주체가 아닌 예들이다. 먼저, 'is'와 'looks'를 보면, 문장 안에서 전형적인 행위동사가 나타나는 자리를 차지하고 있다. 또, 동사임을 알 수 있는 가장 강력한 증거 중 하나는 시제를 취하는 것이다. 동작이 어느 시점에 이루어졌는지는 주어나 목적어보다는 동사에 표시되는 경향이 매우 강하기 때문이다. 즉, 다른 시제를 취할 수 있으면 동사라고 할 수 있다. 아래 예들에서는 과거시제를 취하고 있다.

Jake was a firefighter.
It looked awesome.

이번에는 주어를 보자. 위에서 'The window'는 무생물이지만 사람 주어의 위치와 동일한 위치에 있다. 또, 주어인지 아닌지는 동사와의 '수의 일치' 여부로도 판단할 수 있다. 주어의 수가 달라지면 동사의 형태가 바뀌기 때문이다. 아래 예문들을 보면, 주어의 수에 따라 형태가 달라졌다.

Jake and his sister are firefighters.
They look awesome.

The windows are breaking.

The windows were broken by the storm.

언어학에서는 이처럼 구조 속에서 어떻게 행동하는지를 가지고 주어, 동사 등 문법적 지위를 부여한다. 기존의 용어가 작명이 잘못되었다고 생각하여 새로운 용어를 만들어내는 경우도 가끔 있기는 하지만, 오랫동안 써왔던 기존의 용어는 관습 때문에 쉽게 사라지지 않는다.

이번에는 목적어라는 용어에 대해서 좀더 얘기해보자. 다른 많은 용어도 마찬가지이지만 '목적어目的語'도 사실은 우리보다 먼저 영문법 책을 쓴 일본에서 지어진 이름이고 수입된 것이다. 그런데 우리말에서는 '목적'이 '최종적으로 달성하고자 하는 것 purpose'이라는 뜻으로 사용되지만, 일본어에서는 이와 달리 '표적 target'의 의미를 지니고 있다. 즉, 행위의 표적인 것이다. 이에 상응하는 우리말은 '대상對象'이라고 할 수 있다. 영어로도 'object'이다. 목적어는 'break', 'eat', 'read', 'cook' 등 타동사가 가리키는 행위의 대상인 것이다. 만약 우리가 목적어 대신 처음부터 우리말 어법에 맞게 '행위의 대상을 가리키는 말'이라는 의미가 잘 드러나는 '대상어'라는 용어를 사용했다면 학습자들이 훨씬 더 쉽게 이해할 수 있었을 것이다. 그렇게 되면 '전치사의 목적어'도 '전치사의 대상어'라고 했을 것이고 역시 더 쉽게 이해가 되었을 것이다. 지금 와서 용어를 바꾸기가 어려울지도 모르겠지만, 학생들을 가르칠 때는 '목적어'를 '대상어'로 바꾸어보는 것도 좋을 거라고 생각한다. 궁극적으로는 모든 문법책에서 '대상어'로 바뀌기를 기대해본다.

 이번에는 문장구조가 아니라 소리를 다루는 음성학 용어의 작명을 예로 들어보자. 발음을 가르칠 때 모두가 잘 알고 있다고 생각하는 영어 '장모음', '단모음'이라는 용어는 실제로는 '긴' 모음과 '짧은' 모음을 가리키지 않는다. 예를 들어, 대다수가 leave와 live의 차이를 긴 모음과 짧은 모음으로써 설명하는데 사실과 다르다. 이 둘은 발음할 때 조음점, 즉 혀의 위치가 달라서 차이가 나는 것이지, 혀 위치는 똑같고 소리의 길이가 달라서 차이가 나는 것이 아니다. 당연히, 길이만 늘인다고 live가 leave로 바뀌지 않는다. 반대로, 짧게 줄인다고 해서 leave가 live로 바뀌지 않는다.

 아마 처음 작명을 할 때, 한 개인의 발음 안에서 비교해보면 leave가 live보다 더 길게 발음되는 것은 사실이기 때문에 '장모음', '단모음'으로 부르게 된 듯하다. 하지만 말을 빨리 하는 사람과 느리게 하는 사람을 비교하면 같은 단어라도 모음의 길이가 다르기 마련이다. 동일한 장모음이라도 말을 빨리 하는 사람의 모음 길이가 느린 사람의 단모음보다 더 짧을 수 있다. 그럼에도 원어민은 어느 단어인지 쉽게 구별한다. 길이가 아니라 혀의 위치가 결정하기 때문이다. 그래서 학계에서는 흔히 '긴장 tense 모음', '이완 lax 모음'이라는 말을 사용하기도 한다. 하지만 이마저도 물리적으로 긴장모음이 더 긴장한다는 명확한 증거는 없다고 알려져 있다. 아무튼 아직도 장모음과 단모음이라는 용어는 사라지지 않고 널리 사용되고 있다. 결국 이들 역시 음성학에서 편의상 부르는 용어들일 뿐이다.

  지금까지 문법용어와 실제 적용의 관계에 대해서 다소 길게 설명해보았다. 부모일지라도 어린이들에게 영어를 가르친다면 문법의 추상성과 복잡성을 좀더 심각하게 인식하길 바라고, 나아가 기존에 학교에서 배워왔던 문법용어들에 대해서 진지하게 다시 생각해보는 계기가 되길 바라는 마음에서, 하나의 동기부여를 시도한 것으로 봐주면 좋겠다. 나아가 의식세계의 지식으로서 문법은 그 자체로 매우 어렵고 특히, 분석적 사고가 충분히 발달되지 않은 어린이 단계에서는 지도가 거의 불가능하리만치 어렵다는 점, 어른들이 자신의 어린 시절은 생각하지 않고 지금 쉬우니까, 쉽다고 생각하니까, 아이들도 쉬울 거라 착각하고 있다는 점을 꼭 기억하기 바라는 마음이다.

## 6. 문법감각은 어린이도 쉽게 기를 수 있다

  문법감각을 기르는 것은 문법지식을 쌓는 것과 성격이 전혀 다르다. 문법감각을 기르는 것이 훨씬 쉽고 부작용이 적다. 어린이도 얼마든지 기를 수 있다. 모국어를 이미 잠재의식으로, 즉 감각으로 아주 잘 습득해왔기 때문이다. 우리나라 아이들은 모국어인 한국어를 잘 구사하고 있다. 한국어에는 주어, 동사, 목적어가 없을까? 당연히 있으니까 "난 동물을 좋아해/싫어해." 같은 말을 할 수 있는 것이다. 능동태, 수동태, 가정법이 없을까. 당연히 있다. 어순개념 없이 제대로 말할 수 있을까? 당연히 불가능하다. 지금까지 언급한 것들 외에도 수많은 문법적 개념들이 이미 한국어에 다 있고, 있으니까 아이들이 말을 잘 하는 것이다. 그런 면에서, 어린이 영어 지도에서는 문법에 대한 명시적 지도보다는 잠재의식을 자극하여 문장생성감각을 길러주는 문법감각 지도에 초점을 맞추는 것이 합리적이고 바람직하다.

언어학박사인 한학성 교수에 따르면, 2008년 당시 서울 지역의 최상위 대학생들 가운데 영어 문장5형식의 개념을 이해하는 사람은 평균 72.24%인데 반해(이것도 일반적인 기대치에 못 미친다), 해당하는 문장의 예를 정확하게 든 학생은 평균 39.44%밖에 되지 않은 것으로 나타났다. 다섯 형식 중 정확성이 50%를 넘는 것은 아예 없고, 제4형식은 36.6%, 제5형식은 23.2%밖에 되지 않았다. 물론 요즘 수능 영어시험에서는 문법이 한 문제밖에 나오지 않기 때문에 굳이 문법을 깊이 공부할 필요가 없다보니 이런 결과가 나왔을 수 있다. 하지만 다른 각도에서 보면, 문장5형식을 전혀 몰라도 영어를 잘할 수 있다는 해석이 가능하기도 하다. 문장5형식이 영문법 지식의 필수요소도 아니고, 이걸 잘 안다고 영어를 더 잘하는 사람이라고 할 수 있는 것도 아니라는 말이다. 무엇보다도, 아직 뇌가 충분히 발달하지 않은 어린아이들이 문장5형식을 이해하는 것은 너무 어렵기도 하거니와, 굳이 알 필요도 없고, 몰라도 감각 습득을 통해 영어를 잘하고 수능도 잘 칠 수 있다.

### 7. 문법감각의 시작은 패턴 인식이다

언어학에서는 흔히 문법을 규칙의 집합이라고 정의한다. 그런데 규칙은 패턴에서 시작된다고 할 수 있다. 이때 패턴은 예외 없는 절대적 패턴을 말하는 것이 아니라 경향성을 말한다. 문법책에 제시된 규칙들도 절대적인 건 거의 없고 찾아보면 다 예외가 있다. 본래 문법이 먼저 생겨나고 말이 생겨난 게 아니라 말이 있고 문법이 생겨났다. 어떤 방식으로든 많은 사람이 쓰게 되면 경향성이 높아지고 문법이 된다. 또, 모국어를 습득할 때, 태어나자마자 곧바로 규칙을 습득하는 것이 아니라 언어입력 속에서 패턴을 발견하는 단계를 거쳐 최종적으로 예외적 현상까지 아우르는 보다 정교한 규칙을 습득하게 된다.

문법감각 개발의 시작은 패턴 인식이다. 패턴은 나이와 관계없이 잘 익혀질 수 있다. 물론, 패턴이 잘 익혀지도록 언어입력을 제시해주는 것이 전제된다. 패턴이 잘 보이지 않는 상태에서 패턴이 익혀지려면 아주 많은 입력과 시간뿐만 아니라 학습자의 강한 집중력과 분석능력도 필요하다. 패턴이 잘 보이도록 입력을 제시하고, 그 패턴에 주목하고 의식하도록 유도를 잘 해주어야 짧은 시간 내에 학습자 스스로가 기본적인 말을 하게 되는 성취감을 맛볼 수 있고 학습을 지속할 수 있는 원동력이 생긴다. 패턴 학습은 잠재의식을 자극하여 문법감각 발달에 촉진제 역할을 하고, 어린 학습자들에게 문법을 직접 가르치지 않고 문법을 습득하게 하는 효과가 있다.

패턴 지도와 문법 규칙 지도는 학습심리 측면에서 매우 다르다. 패턴 지도는 눈에 보이는 가시적 패턴에 초점을 맞추기 때문에 비교적 단순하여 체계적으로 제시만 잘 해주면 어린이들도 익히는 게 어렵지 않다. 무엇보다 추상적인 용어 사용과 설명을 하지 않기 때문에 어린 학생 입장에서 심리적 압박이 적다. 교사입장에서도 가르치기가 훨씬 쉬워진다. 반면에, 문법지식 지도에서는 추상적인 개념들과 설명을 이해해야 하기 때문에 아이들에게 분석적이고 논리적인 사고를 요구한다. 게다가 규칙으로써 가르칠 때 그 규칙들과 설명이 뿜어내는 '반드시 그래야 한다'는 위압감은 아직 뇌가 미숙하고 감정조절이 잘 안 되는 어린 아이들을 주눅들게 한다. 몇 개 안 되는 규칙이라면 괜찮겠지만 끝이 안 보이는 듯 계속되는 규칙 그리고 예외들은 주눅들고 헷갈리게 하며 학습의욕을 떨어뜨린다. 따라서 먼저 추상적인 문법용어 사용이 필요 없는 패턴으로 기본적인 문장구조에 대한 감을 잡고, 고등사고력이 충분히 형성되었을 때 추상적인 문법 개념을 익히는 것이 더 효율적이고 부작용도 훨씬 덜하다.

## 8. 패턴 습득이 먼저인 증거: 과잉일반화

아이들이 태어나자마자 곧바로 규칙을 습득하는 것이 아니라 패턴을 발견하는 단계를 거쳐 규칙을 습득하게 된다는 점을 잘 보여주는 예로 '과잉일반화'라는 현상이 있다. 한 규칙을 실제 이상으로 적용하는 것을 말하는데, 언어습득 과정에서 거의 모든 아이들에게 나타나는 현상이다.

영어 과거시제 습득을 예로 들어보자. 영어에는 시제와 관련하여 불규칙동사들이 많다. 규칙동사의 관점에서 보면 예외들이다. '불규칙동사'라고 하니까 이것도 얼핏 변칙적인 규칙인 것처럼 착각을 일으키기도 하지만, 사실은 정확한 형태를 예측하기가 어렵기 때문에 무작정 외우는 수밖에 없는 것들이다. 가령, 과거분사까지 포함하여, ring-rang-rung, sing-sang-sung은 같은 어형변화이지만 bring은 brought-brought로 바뀐다. take는 took-taken으로 바뀌지만 make는 made-made로 바뀌고, bake는 -ed를 붙이는 규칙동사다.

영어에 불규칙동사가 많은 데는 역사적 이유가 있는데 핵심만 말하면, 아주 오래 전 영어에는 과거-과거분사를 만드는 규칙이 하나가 아니라 아주 다양했었다. 다행히도 지금은 무조건 -ed만 붙이면 되는 단 하나의 유형만 규칙으로 남고 나머지는 모두 규칙의 지위를 상실했다. 하지만 사라진 규칙 유형들의 흔적은 현재 '불규칙동사'로 꽤 많이 남아있다. 특히, 일상생활에서 입에 자주 오르내리는 단어들은 세월이 흘러도 형태가 변하지 않는 속성을 가지고 있어서, 불규칙동사는 기본어휘를 많이 사용하는 어린이 영어에서 빈도가 높다. 심지어 규칙동사보다 더 많이 나타나기도 한다. 그러니 어린이들에게 과거-과거분사는 -ed를 붙여서 만든다고 가르치는 것은 잘못된 지도다. 다른 한편, 만약 여러분이 영어로 말을 하다 과거/과거분사 형태가 생각나지 않으면 당황하지 말고 그냥 -ed를 붙이면 된다. 원어민은 무조건 알아듣게 되어있으니 걱정하지 않아도 된다. 현대에 새로 생겨나는 동사들은 어떤 철자조합을 가지든 불규칙 변화는 절대 없다. 규칙은 -ed 오직 하나뿐이기 때문이다.

  본론으로 돌아와서, 아이들은 태어나서 모국어인 영어에 계속 노출되다보면 -ed 형태에 대해서는 규칙적인 패턴을 느끼게 되지만 불규칙동사들에 대해서는 그런 패턴을 느끼지 못한다. -ed 패턴을 규칙으로 인식하게 되면 아이들은 과잉일반화를 하기 시작하여 'I goed to school.', 'I buyed a toy.' 같은 말을 하게 된다. 이런 말은 어른들이 아이들에게 해준 적이 없는 말들이다. 그리고 'went'와 'bought'를 사용해야 한다며 교정을 해줘도 일부 아이들은 여기에 또 다시 -ed를 붙여 'I wented', 'I boughted'라고 말하기도 한다. 이

과정을 지나고 나면 규칙적인 것과 불규칙적인 것들을 완전하게 구별하는 단계에 도달한다.

결국, 과잉일반화 현상은 통계적으로 더 높은 경향성, 즉 패턴을 습득하는 단계를 거쳐 성인 수준의 규칙 습득으로 나아가는 과정을 보여주는 증거라고 할 수 있다. 따라서 규칙 습득은 패턴을 인지하는 과정이 필요하며, 그에 맞는 적절한 학습절차가 있어야 한다. 패턴인지 과정을 건너뛴 결과물 주입으로는 절대 문법이 원활하게 익혀지지 않는다. 어린이처럼 뇌가 충분히 발달하기 전 단계에는 더더욱 결과물로서 문법 주입이 아니라 패턴인지를 통한 문법감각 습득에 초점을 맞추어야 한다.

과잉일반화와 관련하여 덧붙이자면, 혹시 아이가 그런 오류를 범한다면 그것은 틀렸다고 나무랄 일이 아니라 오히려 기뻐해야 할 일이라는 점을 기억하기 바란다. 얼핏 보면 'I went to school.', 'I bought a toy.'이라고 정확하게 말하는 아이가 더 잘한다고 생각할 수도 있지만, 단순히 암기해서 말했을 수 있어서 규칙을 잘 습득했는지는 더 확인해봐야 한다. 하지만 'I goed to school.', 'I buyed a toy.'라고 말하는 아이는 이로써 규칙을 습득하고 있다는 것이 입증된다. 따라서 칭찬을 받아 마땅하고, 교정을 서두르지 말고 일단 칭찬부터 충분히 해주고 오랜 옛날부터 입에 익어서 내려온 일부 예외적인 형태들이 있을 수 있음을 알려주면서 서서히 바꿔나가면 된다. 특히, 불규칙동사들은 입에 익으면 저절로 정확하게 구사하게 되어있으므로, '원형-과거-과거분사'를 통째로 입으로 리듬을 섞어 익히도록 유도하는 것이 좋다. 재밌는 챈트나 노래를 활용하는 것도 한 방법이다.

과잉일반화 현상은 언어습득 과정에서 오류를 범하는 것은 피할 수 없는 자연스러운 일이며, 처음부터 정확성에 초점을 맞추는 지도는 오히려 학습자에게 심리적 부담을 많이 주고 부작용을 초래할 수 있다는 것을 시사한다. 과거 행동주의 기반의 청화식 교수법 Audio-Lingual Method은 '처음부터 오류가 없는' 완벽한 규칙 사용에 초점을 맞추었지만, 현대 주류 교수법에서는 의사소통에 지장이 없는 수준의 규칙패턴 적용을 우선시하면서 연습을 통해서 '정확성을 향해 나아가는 과정'에 초점을 맞추고 있다. 우리나라 어린 학습자들에게는 더욱더 이렇게 하는 것이 헷갈림도 적고 정의적 부작용도 훨씬 덜하다.

| 제3장 | 문법 없는 문법지도
: 4문형 패턴 학습

앞서 우리나라는 영어학습 준비단계 지도법이 취약하다고 하면서 매우 초보적이지만 가장 기본적인 문장을 만들어낼 수 있는 감각이 형성된 시점을 진정한 영어학습의 시작점으로 봐야 한다고 하였다. 또, 문법감각이 잘 길러지게 하는 데는 패턴을 익히게 하는 것이 효과적인데, 기본적인 문장들은 매우 단순한 패턴을 보여주고 있다고도 하였다. 이제 이 단순한 패턴을 활용하여 문장생성감각이 길러지게 하는 '주목초점 4문형 학습법', 줄여서 '4문형 학습법'을 소개하고자 한다. 이 학습법은 고등사고력이 필요하지 않으며, 어린 학습자들도 어렵지 않게 따라할 수 있어서 짧은 기간에 실질적인 의미의 영어학습 시작단계로 진입하게 해줄 것이다. 또, 부모도 아이와 함께 어렵지 않게 해볼 수도 있는 방법이기도 하다. 다만, 초등 이전에는 4문형 대화문을 활용한 말하기, 노래하기, 간단한 게임이나 놀이 위주로 하고, 문형들을 비교하는 활동은 눈으로 비교하는 것이라 어렵진 않지만 아이들이 느끼기에 재미가 약간 덜 할 수 있어서 상황에 따라 초등학생이 되어서 하는 것이 나을 수도 있다. 물론, 좋은 아이디어만 떠올린다면 어느 시기든 재미있게 가르칠 수 있을 것이다.

## 1. 패턴의 시작은 '묻고 답하기'다

아이들 대상이든 일반인 대상이든 초급 말하기 영어교재를 살펴보면, 거의 모든 단원의 학습목표가 '…에 대해 묻고 답할 수 있다'라는 식으로 제시되어 있다. 어떤 외국어든 초급 회화교재는 대부분 '묻고 답하기' 중심으로 구성되어 있다. 그 이유는 인간의 가장 기본적인 언어활동이 '묻고 답하기'이기 때문이다. 따라서 외국어 회화를 익히려면 묻고 답하는 대화법부터 배워야 한다.

묻는 말, 즉 의문문에는 두 가지가 있다. 하나는 '예/아니오'로 답하는 의문문인데, 영어로는 'Yes-No Question'이라 부른다. 여기서는 '긍부정 의문문'이라 부르겠다. 또 하나는 답할 때 구체적인 정보를 제공해야 하는 의문문으로, WH-Question이라 부른다. 육하원칙에 해당하는 의문사들 Who, What, When, Where, Why이 대부분 Wh로 시작하기 때문이다. 일반적으로 '의문사 의문문'이라 부른다. 그리고 대답할 때 사용하는 문형으로는 긍정문과 부정문이 있다. 따라서 '묻고 답하기'를 가르친다는 것은 두 개의 의문문과 두 개의 평서문, 즉 4개의 문장형식4문형을 가르친다는 것이다.

물론, 묻고 답하는 것 외에 명령하기나 감탄하기 등도 있다. 그리고 이 중 명령문은 비교적 일찍 익혀야 하는 구조이기도 하다. 하지만 문장의 기본 어순과 구조에 빨리 익숙해져야 하기 때문에, 주어가 없는 명령문은 보조적으로 가르치면 된다. 우리말과 어순만 다를 뿐'문 열어라' vs. 'Open the door' 주어가 빠지는 건 똑같아서 비교적 가르치기도 쉽다. 감탄문은 빈도가 낮고 간접의문문의 구조How big it is!로 표현되거나 동사가 생략된 구조What a play!이기 때문에 좀 나중에 익혀도 늦지 않다. 영어를 시작하는 아이에게 가장 중요한 것은 일단 머릿속에 초보적인 문장생성 장치를 빨리 만들어주는 것이다. 그 핵심은 묻고 답하기에 해당하는 4문형 생산능력이다.

## 2. 묻고 답하는 4문형의 매우 단순한 패턴

어느 언어에서든 묻고 답하는 말을 대표하는 네 가지 문형을 비교해보면 매우 단순한 패턴이 드러난다. 패턴의 관점에서 보지 않고, 일반 문법책에서처럼 긍정문을 기본구조로 하고 그것의 변형을 통해 다른 문형을 만들어낸다는 관점에서 보게 되면, 처음 배우는 사람에게는 어려운 수학문제 같은 느낌으로 다가오게 된다. 그래서 패턴으로 접근하는 것이 특히 어린 학습자들에게는 추상적이고 복잡한 과정을 건너뛰고 바로 목적지에 도달하게 해주는 단순하고 효과적인 방법이 될 수 있다. 패턴에 익숙해지면 그 안에 숨은 문법 현상은 잠재의식이 알아서 파악하고 감을 잡게 된다. 이것이 인간의 자연스러운 언어습득 과정이기도 하다. 그 과정에서 나타나는 과잉일반화 같은 시행착오는 오히려 긍정적인 현상이니 민감하게 반응할 필요가 없다.

이제 묻고 답하는 문장들의 패턴을 살펴보자. 아래 두 의문문에서 여러분은 어떤 패턴이 보이는가?

    Do you like cats?
    What do you like?

어렵지 않게 'do you like'가 똑같다는 것이 보일 것이다. '일반동사'를 사용하여 '...하냐?'라고 묻는 경우 모두 이 패턴을 따른다.

    Does it look like a cat?
    What does it look like?

    Do you want to have some tea?
    What do you want to have?

'조동사'를 사용한 두 형태의 의문문 또한 똑같은 패턴을 보인다.[1]

Can you make a dinosaur?
What can you make?

Would you like to have some water?
What would you like to have?

긍정문을 변형하여 의문문을 만들어낸다는 관점에서 보면, do를 활용한 의문문과 조동사를 활용한 의문문은 다르다. 흔히 전자에서는 do를 앞에 덧붙인 것이고, 후자에서는 주어와 조동사의 위치가 바뀐 것으로 설명된다. 이런 식의 접근은 나중에 성인이 되어서 언어학자가 되고 싶을 때 해도 된다. 초기 학습자의 입장을 고려하면, 이런 부분을 건너뛰고 그냥 패턴으로 생각하고 익히는 것이 낫다.

이번에는 be 동사 의문문을 살펴보자. 어순 도치를 활용하여 의문문을 만들지만 그 외는 패턴이 동일하다.

---

1 정확하게는 'do 조동사'와 구별하여 '법조동사(modal auxiliary verbs 또는 줄여서 modal verbs)'라 부른다. 본동사의 의미(예. '한다')에 '능력(할 줄 안다), 가능성(할 수도 있다), 의지(할 거다), 의무(해야 한다)' 등의 양태(mode)를 덧붙여주는 조동사들이다.

Is this a toy?

What is this?

Are you going to go to the museum?

Where are you going to go?

Are they playing computer games?

What are they doing?

그럼, 이번에는 일반동사를 사용한 긍정문과 부정문을 비교해보자.

I like cats.

I do not like cats.

긍정과 부정 사이에는 더 단순한 패턴이 드러난다. 그냥 'do not', 줄여서 'don't'가 있고 없고의 차이일 뿐이다. 'I like'는 공통이다. 어린이들에게는 굳이 문법책에서처럼 복잡하게 부정문 만드는 법을 가르칠 필요가 없다.

일반동사들의 경우에는 부정문을 만들 때 do 동사를 사용해야 하지만, be 동사와 조동사 문장은 모두 'not'만 사용하면 된다. 나머지는 같다.

    She is a doctor.

    She is not a doctor.

    I am going to play badminton.

    I am not going to play badminton.

    It will rain tomorrow.

    It will not rain tomorrow.

  지금까지 살펴본 것처럼, 묻고 답하기를 위한 네 가지 문형의 패턴은 단순하다. 어린이라 하더라도 크게 복잡하게 느낄만한 정도는 아니다. 다만, 일반동사, be 동사 등에 따른 여러 유형을 한꺼번에 가르치려 하면 복잡하게 보일 수 있으므로, 한 유형에 익숙해진 다음에 다른 유형으로 넘어가는 방식을 쓰는 것이 안전할 수 있다. 덧붙여, 익히는 과정에서 본동사 대체활동을 하는 것은 아주 유익하므로 적극 권한다.

  문형들을 비교할 때는 차이점도 중요하지만 공통점을 잘 익히는 것이 더 중요하다. 차이를 알아야 적합한 문형을 사용한다는 점에서 차이점 비교가 중요하지만, 거기에만 집중하면 공통점을 망각할 수 있다. 공통점이 잘 익혀져야 전체 문장에서 가장 많이 차지하는 부분을 하나의 청크로 익히고 발화할 수 있게 된다. 그러면 단기기억에서 처리할 단위의 수가 크게 줄어 통문장 암기가 잘 되고 나아가 문법감각도 좋아져 문장 구사력이 상승한다.

패턴이 단순하다고는 하지만 동사의 유형에 따라 조금씩 달라질 수 있기 때문에 일반동사, 조동사, be 동사 등을 구별할 줄 알아야 되는 것 아니냐고 물을 수 있다. 물론 종국에는 알아야 하겠지만 아이들에게 처음부터 한꺼번에 지식으로 가르치는 것은 어렵기도 하고 혼란만 불러올 수 있으므로 서두르지 않는 것이 좋다. 다소의 시행착오를 겪을 수 있지만 의사소통에는 큰 지장이 없고, 문형 패턴연습이 꾸준히 이루어지면 틀림없이 구별하는 시점이 온다. 잠재의식은 의식보다 분석력이 훨씬 더 뛰어나기 때문에 생각보다 오래 걸리지는 않을 것이다. 어린이에게 처음부터 정확성을 강조하는 건 구시대 방식이고, 특히 우리나라 환경에서 어린아이들에게 정확성을 처음부터 강조하는 것은 심리적 부담을 크게 안기는 매우 좋지 않은 방식이다.

### 3. 목적어/보어는 중요하지 않다: 주목의 초점

초보자들에게 가장 흔하게 사용되고 있는 의사소통기능 중심의 교재를 살펴보면, 영어권에서나 우리나라에서나 해당 상황에 필요한 다양한 어휘를 제시하고 문장에서 목적어나 보어 어휘들을 바꿔가며 연습하게 하는 것이 가장 일반적인 방식이다. 이런 방식이 우리나라의 영어학습 준비단계에 왜 부적합한지를 한번 살펴보자. 가령, '좋아하거나 싫어하는 것 묻고 답하기'라는 의사소통기능을 아래처럼 4인1조로 연습한다고 가정하자 S = Student.

S1: I like fried chicken.

S2: I like apples.

S3: I like spaghetti.

S4: I like bulgogi.

...

S1: I don't like ice cream.

S2: I don't like pineapples.

S3: I don't like noodles.

S4: I don't like oranges.

...

패턴은 단순하다. 'I like'와 'I don't like'가 반복되고 목적어에 해당하는 음식과 과일 이름만 바뀐다. 매우 간단하고 어린 아이들도 따라하기 쉬운 패턴이다. 실제로, 현재 초등학교 영어 교과서들도 그렇고 사교육에서도 대다수가 이런 방식으로 지도를 하고 있다. 이 글을 읽는 독자도 앞부분은 고정된 채 반복되고 뒤만 바뀌니까, 긍정문과 부정문이 잘 익혀질 거라고 생각할지 모른다. 어쩌면 대화문보다 단순하기 때문에 더 쉽게 익혀지지 않을까 라는 생각까지도 할지 모른다. 과연 그럴까?

그럼 어린 학습자들의 입장에서 생각해보자. 한 쪽은 고정되어 있고, 다른 한 쪽은 계속 바뀐다면 아이들이 어디에 더 주목하고 신경을 쓸까? 비유적으로 말해보자면, 왼쪽 불빛은 가만히 있고 오른쪽 불빛은 빨주노초파남보 계속 바뀐다면 아이들은 어느 쪽에 주목할까? 당연히 바뀌는 쪽에 주목을 하고 신경을 쓰게 된다. 위의 활동에서 변화하는 것은 목적어다. 앞부분은 안 변한다. 그럼 아이들은 목적어에 주목하게 된다. 그래서 자기 차례가 돌아오게 되면 '어떤 음식, 어떤 과일을 말할까'라는 생각만 할 것이다. 이렇게 목적어 부분에만 주목하면 결과적으로 문장은 안 익혀지고 기억에 남는 것은 몇 개의 음식과 과일 이름뿐이다. 그래서 위와 같은 활동은 문장구조가 아닌 단어에 주목하게 하는 '어휘주목활동'이라고 할 수 있다.

이제 다른 유형의 활동을 한번 보자. 이번에는 익혀야 할 문형은 네 개인데 학생은 홀수인 3인1조로 짰다. 그래서 자기 순서가 돌아올 때마다 말해야 할 문형이 바뀐다.

S1: Do you like fried chicken?

S2: No, I don't like fried chicken.

S3: What do you like?

S1: I like 불고기.

S2: Do you like fried chicken?

S3: No, I don't like fried chicken.

S1: What do you like?

S2: I like 불고기.

...

활동을 이렇게 설계를 하면 아이들은 자기 차례가 오면 어떤 문형을 사용해야 할지를 계속 떠올리게 된다. 자연스럽게 문형에 주목하고 신경을 쓰게 됨으로써 네 가지 문장구조가 익혀지게 된다. 목적어로서 음식 이름은 영어가 아니어도 되는, 전혀 중요하지 않은 부분이다. 두 개의 음식을 가지고 반복해서 사용해도 아무 상관 없다. 오히려 그렇게 해야 문형에 더 집중한다. 이처럼 설계된 활동은 네 개의 문형에 주목하게 하는 '문형주목활동'이라 할 수 있다.

영어학습 관점에서 볼 때, 어휘주목활동과 문형주목활동 중 어느 것이 더 효과적일 거라고 생각하는가? 좀더 명확한 판단을 위해서 질문을 약간 달리 해보자. '좋아하고 싫어하는 것 묻고 답하기'가 학습의 목표라고 할 때, 목적어에 해당하는 음식 이름을 익히는 것이 중요할까, 아니면 묻고 답할 때 사용하는 핵심 구조를 대표하는 'Do you like', 'What do you like', 'I like', 'I don't like'를 익히는 것이 중요할까? 당연히 문장구조가 중요하다고 답할 것이다. 좋아하고 싫어하는 대상이 중요한 게 아니고, 묻고 답하는 말을 만드는 데 필요한 구조적 틀이 중요한 것이다.

예를 조금 더 들어보자. '출신지 묻고 답하기'라는 의사소통기능이 있다. 그런데 다들 하나같이 처음부터 여러 나라의 이름을 소개하고 묻고 답하는 활동부터 한다. 이렇게 하면 문장의 구조에 주목하지 못하고 나라이름에 주목하게 되어 어휘주목활동이 되어버린다. 심지어 수업 진행 과정에서 아이들이 내용을 잘 알아들었는지 확인하기 위해 누가 어느 나라 출신인지 묻는 질문을 교사가 많이 하게 되는데, 그러면서 의문문을 교사가 독점해버리기도 한다. 그러면 아이들은 의문문도 제대로 익히지 못한다. 또, 어느 나라 출신이냐고 물었기 때문에 귀는 오로지 나라이름에만 쏠린다. 질문이 그러하기 때문에 어차피 나라이름만 듣고 대답하면 된다. 다른 단어들과 문장구조에는 신경을 쓸 필요가 없다. 교사의 질문에 대답할 때도 아이들은 흔히 주어와 동사를 빼고 단답형으로 나라이름만 말하고 마는데, 이마저 선생님은 "Excellent!" 하면서 그냥 넘어가버린다. 그럼 어찌될까? 기껏해야 나라이름만 몇 개 익혀지고 말 것이다.

네 가지 문형을 활용하면 나라이름보다는 앞부분의 구조에 초점이 맞춰지게 되고, 학습자들은 이곳에 주목하게 되어 네 가지 문장을 구사할 수 있는 능력이 길러진다.

S1: Are you from France?
S2: No, I am not from France.
S3: Where are you from?
S1: I am from Canada.
S2: Are you from France?
S3: No, I am not from France.
       …

'장래 희망 묻고 답하기'는 어떠한가. 직업만 잔뜩 소개하고 교사가 묻고 학생이 답하는 활동 위주로 한다면, 아이들은 직업에만 신경을 쓸 수밖에 없기 때문에 기껏해야 직업명을 가리키는 단어 몇 개만 익혀지고 말 것이다. 네 문형을 활용하면 이런 맹점을 막아준다.

S1: Do you want to be a pilot?
S2: No, I don't want to be a pilot.
S3: What do you want to be?
S1: I want to be a pro (esports) gamer.

S2: Do you want to be a pilot?

S3: No, I don't want to be a pilot.

　　　...

학습목표가 '출신지 묻고 답하기'라고 해서 나라이름을 많이 익혀야 되는 것으로 착각하면 안 된다. '장래 희망 묻고 답하기'라고 해서 직업 이름이 중요한 것으로 착각하면 안 된다. 어떤 내용이 되었든 의사소통기능이 '...묻고 답하기'라면 묻고 답하는 데 필요한 문장구조에 초점을 맞추어 지도하는 것이 우선이다. 그에 필요한 어휘를 익히는 것은 그 다음 문제다.

영어권 교재가 어휘지도에 우선적으로 초점을 맞추고 있는 이유는 상황 중심의 내용구성을 하기 때문이다. 살아가면서 경험하게 되는 다양한 상황을 중심으로 교재를 구성하게 되면 그 상황에 필요한 어휘가 일차적인 중요성을 갖게 된다. 영어권에서는 이것이 문제될 게 없지만, 이 방식을 영어 노출량도 적고 동기도 약한 우리나라에 그대로 도입하면 문제가 된다. 아직 기본적인 문장구조에 대한 감각이 형성되지 않은 상태에서 어휘에 주목하게 됨으로써, 문장을 단 하나도 제대로 익히지 못하는 아이들이 나타날 수 있다. 실제로 초등학교 영어교재의 경우 한 단원에서 익혀야 할 목표표현이 불과 서너 문장밖에 되지 않지만 4~6차시의 수업을 하고도 하나도 잘 익히지 못하는 아이들이 많다. 첫째는 패턴이 안 보이고,

둘째는 주목해야 할 곳에 주목하게 하지 않아서 그런 것이다. 다시 말해, 주목의 초점을 문장구조에 우선적으로 맞추지 않고 어휘에 맞춘 활동으로 수업을 하기 때문이다. 워낙 노출량이 많고 학습동기가 강한 영어권에서는 목적어나 보어에 초점을 맞추고 수업을 해도 습득에 큰 문제가 발생하지 않는다. 하지만 정반대의 환경인 우리나라에서는 그렇게 하면 학습효과가 심각하게 떨어질 수밖에 없다.

한편, 시중에 나오는 초보자용 영어학습 관련 책이나 인터넷 사이트 중에도 문장 패턴 학습을 강조하는 예를 드물지 않게 찾아볼 수 있다. 하지만 네 가지 문형의 패턴을 체계적으로 보여주는 교재는 아직 만나지 못했다. 만약 문장의 핵심부분은 고정되고 나머지 부분이 바뀌는 패턴을 취하고 있다면 영어를 시작하는 어린이들에게는 부적합하다. 어린 학습자들은 핵심부분의 구조 및 역할에 주목하고 파악해낼 만한 분석적 사고가 아직 부족하여, 바뀌는 쪽에 주목이 쏠리고 고정된 핵심구조 부분은 신경을 덜 쓸 수밖에 없다. 묻고 답하는 활동을 통해 기본문형을 익히는 준비단계를 잘 거치는 것이 우선이고, 이 기반이 잘 다져진 다음에는 주목의 초점이 좀 바뀌어도 큰 문제가 되지 않는다.

## 4. 4문형으로 묻고 답하는 대화문 활용하기

위 주목초점과 관련된 예에서도 네 가지 문형을 모두 사용하였고 대화의 형식을 취하였는데, 실제로 어린 학습자들과 패턴학습을 할 때는 네 가지 문형을 모두 사용하는 '4문형 대화문'을 활용하는 것이 효과적이다. 맥락이 약한 개별 문장들보다는 실생활에서 자연스럽게 일어날 수 있는, 유의미한 대화문이 의미도 더 잘 와닿고 기억에도 더 오래가기 때문에 영어학습에 크게 유리하다. 벽에 붙이는 포스터에서도 4문형 대화문을 사용해보길 권한다. 아이들이 생각보다 어려워하지 않을 것이다.

네 가지 문형만으로도 자연스러운 대화문을 만들 수 있는데, 대개는 긍부정 의문문으로 시작하면 쉽게 만들어진다.

A: Do you like cats?

B: No, I do not like cats.

A: What animals do you like?

B: I like dogs.


A: Can you build a dinosaur (with LEGOs)?

B: No, I cannot build a dinosaur.

A: What can you build?

B: I can build a car.


A: Are you from the USA?
B: No, I am not from the USA.
A: Where are you from?
B: I am from Canada.


위와 같은 4문형 대화문이 지닌 장점으로는 여러 가지가 있다. 먼저, 가장 기본적인 문형을 모두 사용하면서 내용면에서도 충실한 대화를 제공한다. 앞서 언급하였듯이, 가장 기본이 되는 언어활동이 묻고 답하기이기 때문에 이런 대화는 아이들에게도 흡수가 잘 되어 문장들을 어렵지 않게 기억하는 데 도움이 된다. 둘째, 네 가지 문형으로 된 대화문의 반복 연습은 잠재의식적으로 각 문형이 만들어지는 패턴에 대한 감각이 강화되고 규칙 습득으로 이어지게 한다. 즉, 4문형 대화문은 문법 설명 없이 언어습득의 핵심 메커니즘을 자연스럽게 제공해준다. 셋째, 위 패턴이 각 문형에서 주목해야 할 부분을 하나의 청크로 듣고 발화하는 데 도움을 준다. 이 대화 패턴을 반복하면 단기기억에서 다루게 될 단위 수가 크게 줄게 되고 언어처리가 매우 수월해진다. 그러면 문장을 통째 암기하기도 쉬워지고, 단어를 하나씩 내뱉지 않고 유창성을 가지고 발화하는 데도 큰 도움이 된다.

한편, 4문형 대화문을 보면 원어민의 관점에서 조금 부자연스럽다고 느낄 수 있다. 실제로 위 대화문들은 원어민들의 자연스러운 대화와 약간 거리가 있다. 긍부정 질문에 대해 원어민들은 대개 줄임말축약형 응답을 한다'Yes, I do.', 'No, I don't.' 등. 혹은 그냥 'Yes.', 'No.' 등. 하지만 영어학습 초기는 완전한 구조로서 기본문형을 익혀야 하는 단계이기 때문에 줄임말은 차후에 배우는 것으로 해야 한다. 완전체 문장full sentence을 구사할 줄 아는 아이는 줄임말을 쉽게 익힐 수 있지만, 줄임말을 먼저 배운 아이는 그에 해당하는 완전체 문장을 구사할 줄 모르고 별도로 배워야 한다. 의문사 의문문에 대한 응답에서도 그냥 목적어나 보어로만 대답할 수는 있지만, 역시 완전체 문장으로 대답하는 연습을 해야 완전한 문장구조에 대한 감각이 발달한다. 만약 줄임말을 동시에 같이 익히는 것도 괜찮겠다는 생각이라면 아래처럼 완전체 문장과 섞이게 하면 보다 자연스러워진다.

A: Do you like cats?

B: Yes, I do. I like cats very much. Do you like cats?

A: No, I don't. I do not like cats.

B: What animals do you like?

A: I like dogs.

왜 줄임말을 쓰는지에 대한 물음에는 우리말에도 있는 비슷한 현상을 예로 들어주면서 "세수 했니?" - "응, 했어.", 같은 말을 길게 반복하지 않고 간단히 말하기 위한 거라고 설명해주면 된다. 이 책에서 굳이 이런 설명까지 덧붙이는 것은 어린아이들은 이런 작은 현상까지도 자칫 까다롭다고 여기거나 어렵다고 생각하게 만드는 요인이 될 수 있기 때문이다. 그래서 영어만 그런 게 아니고 우리말도 그렇다는 것을 알게 해주면 조금 더 수용적인 태도를 보인다. 어린이 영어교육에서는 디테일을 살피는 것이 매우 중요하다. 큰 틀에서 아무리 좋은 방법이라 하더라도 디테일이 살아있지 않으면 효과가 잘 나지 않을 수 있다. 아무리 좋은 차라도 아주 작은 문제로 잘 굴러가지 않을 수 있는 것과 같다. 작은 디테일이 아주 큰 차이를 낳을 수 있다.

## 5. 문형에 주목하게 하는 4개의 사인(sign)

앞서 네 문형의 공통점과 차이점을 살펴보았다. 이것은 긍정문과 부정문 그리고 두 의문문 사이의 구조적 차이와 공통점을 인지시키기 위한 과정이었다. 이번에는 하나의 전체로서 네 개 문형의 패턴에 주목하고 의식하게 하는 문형패턴활동 방법을 알아보자. 핵심은 각 문형에서 학습자가 하나의 청크로 인식하고 발화해야 하는 부분을 주목하고 의식하게 하는 것이다.

예를 들어, 의사소통기능이 '좋아하는 것 묻고 답하기'라고 할 때, 네 문형에서 주목해야 하는 부분은 아래와 같다.

긍정문: I like ___.
부정문: I don't like ___.
긍부정 의문문: Do you like ___?
의문사 의문문: What do you like?

구조개념활동에서는 긍정문과 부정문의 공통점<sup>I like</sup>과 차이점<sup>don't 의 유무</sup>에 대해서 인식하게 한다. 하지만 문형패턴활동에서는 청크로서 'I like'와 'I don't like'를 주목하고 의식하며 발화하게 한다. 마찬가지로, 긍부정 의문문과 의문사 의문문의 공통점<sup>Do you like</sup>과 차이점<sup>what의 유무</sup>을 인식하는 것은 구조개념 형성을 위한 것이고, 문형 패턴 감각을 기르려면 'Do you like' 'What do you like'를 청크로 주목하고 의식하면서 발화해야 한다. 듣기를 해도 한 단어처럼 듣고, 읽고 쓸 때도 하나의 청크로서 읽고 써야 한다.

그런데 아이들에게 매번 "여기에 주목해."라고 말하는 번거로움을 피하기도 하고, 각 문형에서 주목해야 할 곳을 각인시켜서 그곳을 의식하는 습관을 들이게 하는 방법으로 아래의 네 가지 사인<sup>sign</sup>을 사용하면 편리하고 학습효과에도 좋다. 사인 대신 '시그널<sup>signal</sup>'이라 불러도 괜찮다.

| 긍정문 (O) | 부정문 (X) | Y/N 의문문 (▽?) | WH-의문문 (⬡?) |
|---|---|---|---|
| · 교통신호등의 녹색<br>· 동그라미: 긍정을 상징 | · 교통신호등의 빨간색<br>· 사인 안에 'NO' 표기 하지 말 것 | · 노랑 역삼각형: 왼쪽, 오른쪽 중(Yes/No) 한쪽으로 넘어짐을 상징 | · 파랑 육각형: 육하원칙을 상징<br>· ⬢ 도 가능<br>· 처음에는 WH? 도 가능 |

아래는 각 문형 사인에 맞춰 주목해야 하는 부분을 표시한 것이다.

| 사인 | 주목해야 할 부분 |
|---|---|
| ▽? | Do you like bananas? |
| X | No, I don't like bananas. |
| ⬡? | (Really?) What do you like? |
| O | I like oranges. |

주의할 것은, 사인을 사용할 때 '어느 문장인지 찾아봐라'는 지시로 사용하면 안 된다는 점이다. 그렇게 하면 문장의 첫 단어나 다른 특정한 단어로 찾게 되어 문형패턴을 익히는 데 방해가 된다. 그래서 처음부터 주목해야 할 부분을 눈에 띄게 표시를 해주고, 각 사인에 맞춰 그 부분을 잘 보고 기억하라는 말을 분명하게 해주고

4문형 패턴 학습으로 문법감각 먼저 길러주세요

한동안은 종종 상기를 시켜야 한다.

## 6. 규칙 자체보다 사용 이유를 먼저 이해하게 하자

　이번에는 좀더 문법 느낌이 나는 예로서 영어 시제를 가지고 이야기해 보겠다. 문법은 규칙 그 자체보다 왜 사용하는지를 이해함으로써 해당 규칙을 긍정적으로 받아들이게 하는 것이 중요하다. 단순과거 지도를 예로 들면, '지나간 일을 표현할 때는 동사에 -ed를 붙인다.'라는 식의 지도로는 어린아이들에게 학습효과를 기대하기 어렵다. 아이들이 거추장스러워하고 쉽게 까먹는다. 앞서 말했듯이, 어린이용 영어교재일수록 불규칙동사가 많다. 예외가 더 많아서 '과거시제는 동사에 -ed를 붙인다'는 규칙 자체가 성립이 안 될 정도다. 이런 상황에서 조금이라도 더 학습효과를 높이려면 어느 언어에서든 과거, 현재, 미래 중 '어느 시점에 대해서 말하는지를 문장에 반드시 표시한다'는 점을 이해시키고, 말을 할 때 이에 대해 잘 의식하도록 '시제관념'을 먼저 심어주어야 한다. 그렇지 않으면 아무리 각 시제의 형태를 가르쳐주어도 실제 발화할 때는 시제 자체를 의식하지 않게 되어 사용하지 않을 가능성이 매우 높다.

　아이와의 아래와 같은 대화는 시제관념을 심어주는 한 방법이 될 수 있다.

'나는 어제 배드민턴을 친다.'

"내가 이렇게 말을 하면 너에게 어떻게 들릴까? 아무렇지도 않게 들려, 아니면 어딘가 좀 이상하게 들려?"

"좀 이상해요. '어제'인데 '친다'라고 하니까."

"그렇지? 그럼 어떻게 해야 할까?"

"어제라고 했으니까 '친다'가 아니라 '쳤다'라고 해야 해요."

"맞아. 우리말에서 지나간 일이면 '쳤다'라고 하고, 자주 한다, 가끔 한다 그런 거라면 '친다'라고 하고, 미래에 할 거면 '칠 거다'라고 다르게 말하지? 그럼 영어에서는 어떨까?"

"영어에서도 다르게 말할 거 같아요."

"맞아. 이제 이거 한번 봐볼까?"

I play badminton everyday.

I played badminton yesterday.

"(각 문장의 뜻을 말해주고) 자 밑줄 친 부분을 잘 봐봐. 어떻게 다르지?"

"(ed 부분을 가리키며) 여기에는 이게 있는데, 여기에는 없어요."

"맞아. 하나는 play 뒤에 ed가 없고 하나는 있지? 왜 이렇게 다르게 표시했을까?"

"여기서는 '매일 친다'고, 여기서는 '어제 쳤다'니까...."

"그래. 여기서는 '매일 한다'니까 'play'라고 했고, 여기서는 '어제 했다'니까 'played'라고 다르게 표시를 했어. 그럼 이제 우리 말도 그러는 것처럼 영어도 언제에 대해서 말하는지 표시를 하는 게 이해되지?"

이처럼 영어에서도 우리말에서와 마찬가지라는 점을 이해시켜서 시점 표시를 의식하는 시제관념을 심어주면 실제 말을 할 때도 시제를 사용할 가능성이 높아진다. 참고로, 과거 시점을 의식하지 않으면 대개는 단순현재가 사용된다. 그렇다고 해서 단순현재는 정확하게 사용할 줄 아는 것으로 착각하면 안 된다. 그냥 아무 생각 없을 때 사용하는 시제일 뿐이다. 정작 단순현재를 꼭 써야 할 때는 현재진행이 튀어나온다든지 여전히 정확하지 못할 수 있다.

또 한 가지, 한 번에 하나의 시제만 익혀서는 안 되고, 다른 시제와 함께 대조적으로 제시해주고 비교하는 과정을 통해서 익혀야 각 시제의 개념이 보다 분명하게 익혀진다. 이것은 마치 색깔을 익히는데 계속해서 하나의 색깔만 보여주게 되면 그 색깔의 개념이 오히려 명확하게 익혀지지 않는 것과 같다. 다른 색들과 대조를 시키면서 가르칠 때 해당 색깔의 개념 '파란색에 가깝다' 혹은 '파랑보다는 녹색에 가깝다' 등이 더 정확하게 익혀지고 기억에도 오래 남는다. 학교 교재도 그렇고 시중의 교재에서도 한 단원에 하나의 시제만 다루고, 또 전체 교육과정에서 오직 그 한 단원에서만 다루는 경향이 있는데, 이렇게 되면 오히려 해당 시제가 익혀지기도 어렵고 쉽게 잊혀지는 경향이 있다.

모든 개념은 상대적인 것이고, 상대적으로 이해해야 보다 더 쉽고 더 정확해진다. 문법도 마찬가지다. 개별적으로 가르치면 비교 대상이 없기 때문에 잘 안 익혀진다. 우리나라같이 학습 빈도도 낮고, 한 단원에 한 가지만 가르치는 상황에서는 해당 문법의 개념이 잘 익혀질 수가 없다. 예를 들어, "What do you do at eight pm?" 같은 단순현재 시제 질문에 흔히 "I am watching TV." 같은 현재진행형 답변이 나오는 것은 시제를 서로 비교하며 상대적으로 익히지 않았기 때문이다. 비교를 통해 시제들의 문법적 개념을 상대적으로 이해하면 이해도도 올라가고 각인효과로 기억에도 더 오래 남기 때문에 이런 오류현상이 발생할 확률이 낮아진다. 두 시제를 비교하면 양이 많아져 더 어려울 거라 생각할 수 있는데 절대 그렇지 않다. 적절한 방법으로 비교하면 더 쉬워지고 더 잘 익혀진다.

### 7. 대조적 4문형 대화문을 활용한 시제 비교활동

4문형 대화문을 활용한 몇 가지 시제 비교의 예는 아래와 같다.

아래 예시에서는 지도 목표가 오른쪽 시제일 때 왼쪽 시제를 활용하여 비교활동을 한다고 생각하면 된다. 일반적으로 왼쪽의 시제가 더 일찍 지도되는 것으로 가정하고, 이것을 오른쪽 시제와 비교해 보게 하자는 취지이다. 참고로, 각 시제의 문장에 시점을 알려주는 표현 'on the weekend' vs. 'last weekend', 'now' vs. 'this afternoon' 등을 덧붙여주는 것이 좋다. 시제개념이 좀더 분명하게 드러나게 하기 위함이다. 그렇게 하지 않지 않으면 형태에만 주목하게 되고 개념형성이 제대로 안 되는 수가 있다.

  시제 짝은 단순과거는 단순현재, 현재진행도 단순현재, 단순미래는 현재진행과 짝을 지으면 아이들 눈에 개념과 형태의 차이가 비교적 잘 드러난다.

〈단순현재와 단순과거 대조〉

| 시그널 | "…한다" | "…했다" |
|---|---|---|
| ? | Do you play badminton on the weekend? | Did you play badminton last weekend? |
| ✗ | No, I don't play badminton on the weekend. | No, I didn't play badminton last weekend. |
| ? | What do you do on the weekend? | What did you do last weekend? |
| O | I play computer games on the weekend. | I played computer games last weekend. |

〈단순현재와 현재진행 대조〉

| 시그널 | "...한다" | "...하고 있다" |
|---|---|---|
| ? | Do you play badminton on the weekend? | Are you playing badminton now? |
| X | No, I don't play badminton on the weekend. | No, I am not playing badminton now. |
| ? | What do you do on the weekend? | What are you doing now? |
| O | I play a computer game on the weekend. | I am playing a computer game now. |

〈현재진행과 단순미래 대조〉

| 시그널 | "...하고 있다" | "...할 것이다" |
|---|---|---|
| ? | Are you watching TV now? | Are you going to watch TV this afternoon? |
| X | No, I am not watching TV now. | No, I am not going to watch TV this afternoon. |
| ? | What are you doing now? | What are you going to do this afternoon? |
| O | I am reading a comic book. | I am going to read a comic book. |

다른 한편, 위와 같이 두 가지 문법요소를 대조적으로 제시하고 비교활동을 할 때는 가로로 왼쪽과 오른쪽의 구조를 비교하는 문법적 개념 비교활동, 세로로 각 대화의 네 문형을 비교하는 4문형 패턴 비교활동을 반드시 구분해야 한다. 현재진행과 단순미래의 대조를 예로 들면, 문법적 개념 비교의 관점에서는 문형과 관계없이 전부 'V-ing'과 'going to V$^{V=동사}$'의 차이 하나로 설명된다. 반면에,

세로로 비교하는 문형패턴 비교는 각 문형에서 하나의 청크로 다루어져야 하는 부분(밑줄 친 부분)들 사이의 차이 비교를 말한다. 처음에는 각각 두 개의 의문문과 두 개의 평서문을 따로 비교하는 것이 아이들에게 패턴이 잘 보이고 이해하기도 좋다. 일단 이에 익숙해지면 이 비교를 매번 반복할 필요는 없다. 다시 얘기하지만, 네 개의 사인은 어느 문장인지 찾아보라는 용도가 아니라, 네 문장의 밑줄 친 부분에 주목하고 기억하게 하는 데 사용된다. 가르치는 사람이 개념 비교활동과 문형패턴 비교활동을 혼동하면 학습자 또한 이해에 혼선이 오기 때문에 주의해야 한다.

## 8. 음악을 활용한 4문형 학습

위와 같은 비교활동이 있은 다음에는 4문형 노래나 챈트 혹은 힙합(랩)을 활용하여 기억을 강화하면 좋은데, 재미도 있고 '입에 달라붙게 하는' 효과가 있어 추천할 만하다. 영어에 맞게 꽤 잘 만들어졌다는 것을 전제로 하지만, 노래 등의 가사와 멜로디가 온전히 입에 익은 상태가 된다면 영어의 리듬도 익혀질 뿐만 아니라 기억도 잘 되는 효과를 낳을 수 있다. 다만, 수동적으로 몇 번 따라 부르는 정도로 기대만큼 익혀지는 것이 아니고 능동적으로 부를 수 있도록 잘 유도해야 효과가 난다. 4문형 사인을 활용한 가사의 예는 다음과 같다.

♪ Do you want to play soccer? ♪

A: Do you want to play soccer?

B: No, I don't. I don't want to play soccer.

A: What do you want to play?

B: I want to play baseball.

가사를 보지 않고도 불러질 정도가 되었는데 계속 이것만 반복하면 아이들의 뇌는 수동모드로 되돌아갈 수 있다. 수동모드에 빠지면 머리는 딴 생각을 하면서도 입으로는 노래가 따라 불러진다. 그러면 학습효과가 크게 떨어진다. 그래서 능동모드를 유지하는 방안으로서 아래처럼 문장의 핵심 부분을 사인으로 대체할 수 있다. 그럼 사인에 맞춰 불러야 하기 때문에 또 한동안 집중이 유지된다. 단, 먼저 네 개 사인을 사용한 주목초점 활동을 잘 해주어야 사인 대체 활동을 헷갈려하지 않고 잘할 수 있다.

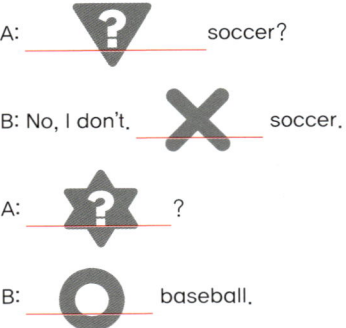

이 역시 몇 번 하면 다시 익숙해져 수동모드에 빠져든다. 그래서 이번에는 아래처럼 문장의 순서와 조합을 바꿔볼 수도 있다.

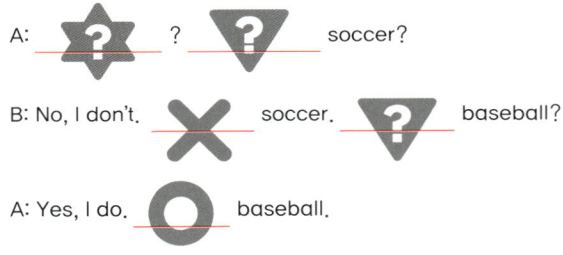

꽤 익혀졌다 싶으면 동사구를 다른 구로 바꿔볼 수도 있다. 1부에서도 설명했지만, 동사중심 학습이 문장생성감각 발달에는 훨씬 더 효과적이다. 만약 목적어를 바꾼다면 범주가 다른 것으로 대체하는 것이 좋다. 위의 play 같으면 스포츠 대신 악기'play the piano' 등나 게임'play a board game' 등 관련 어휘로 바꿀 수 있다. 그래야 동사의 다양한 쓰임에 대해서도 알게 된다. 어린아이들은 한 가지 동사에 한 가지 범주의 목적어만 쓰면 그 동사에는 그런 범주의 목적어만 써야 되나보다 착각하는 경우가 가끔 있다. 흔히 '좋아하는 것 묻고 답하기' 단원에서 동사 like의 목적어로 음식이나 과일 같은 먹을 것만을 사용한다. 그러다보니 어느 교사에게 실제 들은 이야기인데, 'I like chicken.', 'Do you like chicken?'은 말도 잘하고 잘 알아듣는 아이가 계절에 대해 묻고 답하는 단원에서 교사가 "Do you like spring?"이라고 물었더니 못 알아듣고 잠시 뻥했다고 한다. 단어 spring을 몰라서가 아니라 like 뒤에는 먹을 것이 와야 한다고 생각하고 있었던 것이다.

노래, 챈트 힙합은 영어의 강세, 리듬, 억양 등 언어학에서 흔히 '초분절음소'라고 부르는 것을 익히는 데도 좋다. 이것들도 음소라고 부르는 이유는 단어의 뜻이 달라지게 할 수 있기 때문이다. 예를 들어, récord와 recórd는 강세 위치가 달라지면서 명사와 동사로 뜻이 달라진다. 참고로, 단어가 동일 철자인데 강세 위치에 따라 품사가 달라지면 대개 형용사와 명사는 앞쪽에, 동사는 뒤쪽에 강세가 온다. 더불어, 강세 위치가 바뀌면 각 모음의 발음도 바뀐다.

리듬은 문장 안에서 강세음절과 약세음절이 나타나는 패턴을 가리키는데, 강세음절은 소리가 커지고 길어지며, 약세음절은 소리가 작아지고 짧아진다. 그럼으로써 영어 특유의 음악적 리듬을 만들어 낸다. 리듬은 발음을 익히는 데 있어 낱개의 모음과 자음 소리들보다 더 중요하다고 할 수 있다. 우리말은 영어에 비해 거의 모노톤에 가깝다. '납작한 톤flat tone'이라고 말하기도 한다. 그래서 리듬을 잘 구사하지 않으면 강세가 없어지거나 위치가 잘못되기도 한다. 또, 흔히 음절수가 늘어나기도 하는데, 강세 오류와 음절 수 증가는 원어민이 잘 알아듣지 못하는 매우 큰 원인이 되며, 낱개의 자모음 오류보다 더 심각하다고 할 수 있다.

억양은 의문문과 평서문 등을 구별하게 한다. 같은 의문문이라도 'Do you want tea ↗ or coffee ↗?'는 '차나 커피 원하세요?'라는 뜻이 되고, 'Do you want tea ↗or coffee↘?'라고 하면 '차를 원하세요, 커피를 원하세요?'라는 뜻이 된다. 따라서 억양 역시 의미전달에 직접적인 관여를 한다고 할 수 있다.

한편, 묻고 답하기의 네 문형을 모두 포함하고 있는 노래나 챈트는 거의 찾아보기 힘든 실정이다. 개인적으로 시도하고자 한다면 기존의 노래, 챈트, 힙합을 편곡하거나 새롭게 제작을 해야 한다. 이때 음절수와 단어 및 문장 강세의 위치가 맞지 않으면 부자연스러워지기 때문에 초분절음소와 음악에 대한 전문성이 조금은 필요하다. 기본적으로는 대화할 때의 리듬과 동일다고 생각하고 작곡 혹은 편곡을 하면 된다.

또, 아직 귀와 발성기관이 영어 발음에 익숙해져 있지 않은 상황에서 노래가 너무 빠르면 부정확한 발음이 굳어질 가능성이 높으므로 피하는 것이 좋다. 박비트 사이에 단어가 많이 들어가 음절수가 너무 늘어나면 말이 빨라지고 박자를 잘 못 맞추게 된다. 발음도 부정확해진다. 이때는 박의 수를 늘려서 속도를 줄이는 것이 좋다. 노래가 아니더라도 초기부터 빠른 속도로 말하게 하는 것은 잘못된 발음 습관이 들게 하는 위험한 방법이다. 적절한 속도로 연습하여 발성기관이 적응하면 발음도 정확해지면서 동시에 속도도 저절로 빨라진다.

한편, 초등 4학년 정도까지는 노래도 괜찮은데, 고학년이 되면 챈트나 힙합을 더 좋아하는 경향이 있다. 챈트나 힙합을 활용하고 싶을 땐, 인터넷이나 유튜브 등에서 '랩하기 좋은 비트' 같은 말로 검색하면 다양한 비트와 특색을 지닌 MR을 받아서 사용할 수 있다. 혹은, 재미는 좀 덜하겠지만 그냥 메트로놈을 사용할 수도 있다. 어느 것을 사용하든 90~110BPM 정도의 속도가 적당하고, 역시 강세와 음절수에 유의해야 한다. 챈트와 힙합은 노래보다 더 규칙적인 비트가 사용되는 경향이 있다 보니 자칫 강세 위치가 안 맞거나 한 박자 안에 너무 많은 음절이 들어가 발음하기 어렵게 될 수도 있다. 이때는 밀어 부르기, 당겨 부르기, 반 박자 쉬어 부르기 같은 방법으로 어느 정도 개선이 될 수 있다. 또, 규칙적 비트의 영향으로 개별 단어마다 힘을 주어 발음하게 하는 실수를 범할 수도 있어서 주의가 필요하다. 이와 비슷한 이유로, 손뼉을 치면서 부르게 하는 것도 권할 만한 게 못 된다. 손뼉은 무의식중에 규칙적으로 치게 되어있는 데 반해, 영어 가사의 강세 위치는 인터벌이 규칙적이지가 않아서 손뼉과 잘 맞지 않을 때가 많기 때문이다. 이건 노래를 부를 때도 마찬가지다.

    4문형 대화문을 챈트나 힙합으로 만드는 것이 처음에는 조금 어렵게 느껴질 수 있지만, 몇 번 시도해보면 그다지 어렵지 않게 만들 수 있다. 어쩌면 기존의 곡을 편곡하는 것보다 쉬울 수 있다. 만약 동영상까지 재미있게 제작하여 사용할 수 있다면 아이들의 흥미를 더 끌 수 있을 것이다.[2]

## 9. 4문형 학습은 청크 단위로 듣게 해준다

    처음 아이들이 영어학습을 시작하게 되면 일반적으로 듣기부터 하게 된다. 이때 단어 차원의 듣기로 시작하느냐, 청크 차원의 듣기로 시작하느냐가 첫 단추가 된다. 단어 차원의 듣기로 시작하면 첫 단추를 잘못 끼운 것이다. 초등학교 영어수업에서도 흔히 대화문을 먼저 들려주는 것으로 시작한다. 그런데 들려준 다음에는 대개 들은 것을 말해보라고 한다. 영어 문장에 대한 구조감각이 형성되지 않은 상태에서 대화문이나 문장을 한 번 들려주고서 들은 것을

---

[2] 음악 이외에도 다양한 게임이나 놀이를 통해 재미있게 4문형 학습을 할 수 있다. 이러한 활동들 소개를 포함한 좀더 전문적이고 자세한 내용은 졸저 『나의 초등영어교육 접근법』(한국문화사, 2022)을 참고하기 바란다.

말해보게 하면 귀가 단어를 쫓아갈 수밖에 없다. 무슨 말인지도 잘 모르는데 자꾸 뭘 들었는지 말해보라 하면, 아이들로서는 아는 단어에 집중할 수밖에 없기 때문이다. 알아듣는 영어 단어가 거의 없어 대화가 소음일 뿐인 아이들을 위해 미리 주요 단어들을 학습시키고 나서 대화문을 들어보게 하기도 하는데, 일리가 있어 보이지만 문장구조에 대한 감이 없는데 단어 학습을 시킨다는 것은 단어에 귀 기울이라는 신호로 받아들여져 크게 나아지는 게 없다. 만약 단어가 아닌 생각단위의 청크들을 학습시키고 듣게 한다면 청크로 들을 것이기 때문에 한결 나을 것이다. 그런 면에서 수업이든 개인지도든 듣기활동 전에 가능하면 위에서 소개한 4문형 학습을 먼저 하기를 추천한다. 이걸 먼저 하면 패턴이 익혀짐으로써 문장구조에 대한 감각도 생겨나고, 문장의 주요부분을 청크로 듣는 습관도 형성된다. 나아가 문장을 통째로 암기하기도 수월해진다.

흔히들 거꾸로 생각하는데, 듣기에서도 작은 단위로 내려갈수록 오히려 난이도가 높아진다. 단어 차원의 듣기는 오히려 청크 단위 듣기가 잘 되는 높은 수준의 학생들이 하는 활동이라고 보면 된다. 예를 들어, 초보자라고 해서 문장에서 단어 하나만 비워놓고 듣고 채워 넣는 활동을 하는 경우가 있는데, 이렇게 하면 단어를 표적으로 삼을 수밖에 없기 때문에 귀가 더욱 단어를 쫓는다. 따라서 초보자에게 절대 해서는 안 되는 활동이다. 단어를 비우고 하는 활동이 청크를 비워놓고 채우는 활동보다 더 쉬울 거라는 생각이 들겠지만 그건 착각이다. 오히려 귀가 단어를 쫓지 않을 정도로 수준이 높아진 학습자에게 적용되는 활동이다.

초보자가 듣기 연습을 할 때는 스트레스 받지 않고, 귀가 단어를 쫓지 않고 생각단위로 듣는 습관을 기르는 게 첫 단추를 잘 끼우는 것이다. 단어를 쫓아가는 듣기를 하게 되면, 단기기억에서 단어 하나하나를 '단위'로 처리하는 매우 나쁜 습관이 생겨나게 되고 듣기뿐만 아니라 말하기 유창성과도 거리가 멀어진다. 영어를 시작할 때부터 생각단위로 시작해야 듣는 것도 생각단위로 듣는다.

영어교재의 각 단원을 시작할 때 먼저 주요 표현을 4문형 학습법으로 익히게 하면 좋은데, 이게 익혀지면 청크 단위로 듣게 되기 때문에 단어를 쫓지 않고 편안하게 들을 수 있다. 그러면 이후에 이루어지는 모든 활동들이 한결 수월하게 진행될 수 있다. 그래서 교실수업 상황에서도 듣기부터 하는 진행방식보다는 처음부터 바로 목표표현들을 알려주고 진행하기를 추천하고, 특히 4문형 대화문으로 재구성하여 묻고 답하기 학습을 시킨 이후에 여러 활동들을 통해 강화시키는 방식으로 진행하기를 권한다. 4문형 학습을 먼저 하면 무엇보다도 학생들의 수준차가 크게 줄어듦으로써, 이후 활동들에서 하위권 학생들도 잘 따라오게 되어 지도하기도 수월해지고 듣말읽쓰 학습효과도 크게 좋아질 수 있다.

한편, 고학년이 되었는데도 듣기가 안 되는 아이들은 어떻게 하느냐는 질문을 자주 받는다. 처음부터 문장을 익혀주었더라면 듣기가 그렇게 안 될 수는 없다. 단어에 신경쓸 수밖에 없는 학습을 해 와서 그렇게 된 것이다. 이 상태에서 단어를 더 외우게 한다고 크 게 나아지지 않는다. 귀가 단어를 쫓는 습관이 개선되지 않는 이상 어차피 본질적인 수준은 절대 올라가지 않기 때문이다. 결국 해결 방법은 문장학습으로 되돌아가는 것인데, 먼저 4문형 학습으로 문 장 패턴에 익숙해지게 만들어주고, 배운 문장들이 편안하게 느껴질 때까지 노래나 놀이를 활용하든지 해서 입과 귀로 반복연습이 되 게 하면 청크로 다루는 습관이 들게 된다. 어차피 어린이들이 접하 는 문장들은 짧고 구조가 단순하기 때문에 패턴에 익숙해져 문장이 편하게 들리기 시작하면 언어능력과 관련된 모든 면이 다 좋아지고 학습 속도도 빨라지기 때문에 수준을 끌어올리는 데 가속도를 붙일 수 있다.

# Highlights

- 영어학습의 진정한 시작은 가장 기본적인 문장을 구사할 줄 알게 된 시점부터이며, 그 이전은 준비단계이다.
- 영어학습에서는 흥미가 먼저가 아니라, 자신감을 느끼게 해줄 만한 성취감을 빨리 느껴야 흥미가 생긴다.
- 문법지식은 추상화와 같아서 어려울 뿐만 아니라, 영어 공포증과 같은 여러 부작용을 낳을 수 있다.
- 어린이들도 잠재의식에서 많은 문법적 개념을 이미 갖추고 있으므로 문법감각은 잘 익힐 수 있다.
- 말을 할 줄 아는 상태에서 문법을 배워야 하향식 학습이 되어 모든 면에서 학습효과가 좋아진다.
- 준비단계에서 묻고 답하는 네 가지 문형을 활용하여 문장생성감각을 빨리 길러주는 것이 중요하다.
- 4문형 대화문을 활용한 학습을 하면 문장의 구조에 주목을 하게 되고 듣말읽쓰와 문법감각 모두 좋아진다.
- 문법 규칙 자체보다 사용 이유를 먼저 이해해야 규칙을 긍정적으로 수용하고 의식하며 실제로 사용할 줄 알게 된다.
- 문법 규칙은 유사한 규칙과의 비교를 통해 상대적으로 이해해야 개념도 잘 익혀지고 실제 적용도 잘할 수 있게 된다.
- 듣기가 안 되는 아이들은 4문형 학습을 통해 문장구조 감각과 생각단위 듣기 습관을 길러줌으로써 개선될 수 있다.

Part 3

우리에겐
맹점투성이 파닉스,
낭독으로 뛰어넘자

제1장　**꼭 파닉스부터
해야 할까?**

　많은 사람들이 아이가 영어를 처음 배우기 시작하면 영어 철자와 소리의 관계를 가르치는 파닉스부터 해야 하는 것으로 생각한다. 미안하지만, 실제로는 자칫하면 투자한 시간과 비용 대비 효과는 미미하면서 아이의 영어학습 의욕을 일찌감치 꺾어놓기 십상인 것이 파닉스다. 사교육에서는 파닉스만 2년 정도 시키는 곳이 많다고 하는데, 영어 파닉스는 철자와 소리가 너무 불일치해서 역설적으로 규칙을 가르치는, 영어가 모국어인 학습자들을 위한 프로그램이다. 따라서 영어가 외국어인 우리나라 학습자들은 규칙을 2년 동안 가르쳐도 잘 못 읽는다. 영어학습 2년이면 굳이 파닉스를 안 해도 한 것만큼 아니, 한 것 이상으로 읽을 수 있는 기간이다.

　결론부터 말하면, 입으로 소리내어 읽는 낭독read-aloud 활동을 많이 하면서 파닉스는 보조적으로 하는 것이 읽기 포함 전반적인 언어능력도 잘 길러지고 부작용도 훨씬 덜하다. 파닉스 지도부터 해야 읽을 수 있다는 생각은 잘못된 생각이다. 의식 차원에서만 생각하면 파닉스를 알아야 읽을 수 있다는 말이 논리적인 것처럼 보이지만, 잠재의식 차원에서의 언어습득에 대해 이해하게 된다면 왜 읽다보면 파닉스가 익혀질 수 있는지, 왜 우리나라의 아이들에게는 이 방법이 오히려 더 효과적이고 부작용이 덜한지 알게 될 것이다.

## 1. 파닉스를 해야 읽을 수 있다?

과거 영어가 초등학교에 도입되기 전, 중학교에서 영어를 시작했던 시절에는 파닉스라는 개념조차 없었지만(당시엔 발음기호를 배워서 읽었다), 공부를 어지간히 한 사람이면 그리 오래지 않아 제법 높은 정확도를 가지고 읽을 줄 알게 되었었다. '파닉스부터' 집중적으로 하지 않으면 영어 단어들을 읽을 수 없다거나 영어를 익히기가 훨씬 더 어렵고 오래 걸린다는 건 전혀 사실이 아니라는 얘기다.

다 큰 중학생 때와 어릴 때와는 상황이 다르다고 반박할 수도 있다. 하지만 오히려 그래서 파닉스가 더 어려울 수 있다. 초등까지는 분석적 사고력이 충분히 길러지지 않은 때이다. 아래에서 자세히 설명하겠지만, 영어권 파닉스 지도법은 우리나라에 들어오면 학습 상황이 바뀌면서 생각 이상으로 분석적 사고력을 많이 요구하게 되고, 어린아이들에게는 헷갈리고 가르치는 사람에게는 당황스러운 변수가 아주 많다. 영어 파닉스는 우리나라 입장에서는 그만큼 맹점이 많다.

영어를 배우게 되면 글을 읽을 수 있어야 하고 그러자면 철자와 소리의 관계를 알아야 하니까 파닉스를 해야 한다는 주장은 얼핏 일리가 있어 보인다. 하지만 파닉스를 위한 파닉스는 하지 말아야 한다. 단어를 읽을 수 있게 지도하는 방법이 파닉스만 있는 게 아니다. 본격적인 영어학습 이전에 수많은 규칙과 예외로 점철된 파닉스를 집중적으로 하는 것은 시간낭비의 측면도 강하고 무엇보다 부작용이 심하다. 파닉스부터 해야 한다는 주장은 그것이 생겨나게 된 구체적인 배경도 잘 모르고, 어떤 과정을 통해서 단어를 정확하게 읽게 되는지에 대한 전문지식도 부족해서 하는 소리다. 또한, 이미 말을 할 줄 아는 아이들이 배우는 영어권 파닉스 학습과 달리 우리나라에서는 영어를 모른 채 파닉스 학습을 시작하는데, 이것은 전혀 다른 성격의 상황이라는 점을 알아야 한다.

당연히 영어 단어 읽기능력은 길러줘야 한다. 하지만 철자-소리 관계가 너무 '불규칙'해서 역설적으로 파닉스라는 '규칙'을 지도하는 매우 독특한 영어권 상황을 잘 이해해야 한다. 파닉스는 규칙을 익히는 것이 최종 목표가 아니다. 또한, 영어와 우리말은 소리구조와 음절구조 모두 다르다. 따라서 음소, 음절, 철자-소리 관계의 습득 방식도 다르다. 습득방식이 다르면 지도방식도 달라져야 한다.

우리에게 효과적인, 우리에게 보다 적합한 지도방법을 찾을 필요가 있다는 말이다.

## 2. 악명 높은 영어의 불규칙한 철자-소리 관계

영어는 철자-소리 관계가 불규칙한 언어로 악명이 높고, 음절구조도 대단히 복잡한 언어다. 인터넷 백과사전인 <Wikipedia>에서 'English orthography'라는 항목에 제시된 자음-철자 조응표를 보면, she의 sh 소리인 /ʃ/로 발음될 수 있는 철자가 18가지나 된다<sup>sh, c, ce, ch, che, chi, chsi, ci, s, sc, sch, sci, she, shi, si, ss, ssi, ti</sup>. 모음-철자 조응표를 보면, 알파벳 A의 이름과 같은 소리/eɪ/에 해당하는 철자는 bass의 a부터 bouquet의 uet에 이르기까지 무려 37가지나 된다. 한편 철자 대비 소리로서, ch의 경우 가장 흔한 /tʃ/'ㅊ' 소리부터 묵음까지 7가지 발음이 가능하고, u도 묵음 포함 10가지 이상의 발음이 가능하다고 한다. 철자-소리 관계 지도의 관점에서 보면, 최악의 언어가 영어라고 할 수 있다.

영어의 음절구조는 또 어떤가. 영어는 같은 조상을 가진 다른 인구어들에 비해서도 더 복잡한 음절구조를 가진 것으로 알려져 있다. 영어 음절구조의 가장 큰 특징으로, 한 음절 안에 자음이 유독 많이 들어갈 수 있다는 점을 들 수 있다. 영어의 음절구조는

CCCVCCCC<sup>C=자음, V=모음</sup>이다. 모음 앞에 자음이 세 개까지 올 수 있고<sup>spring, strong</sup>, 뒤에는 네 개까지 올 수 있다<sup>sixths[sɪksəs]</sup>.[1] 이에 비해 우리말은 CVC로 아주 단순하다. 영어와 우리말의 이런 음절구조 차이로 인해 1음절인 strike를 우리말로 표기하면 5음절인 '스트라이크'가 된다. 실제 말로 하게 되면 5음절까지는 아니지만 3음절로 발음되는 경우는 흔하다. 당연하지만, 영어권에서 개발된 파닉스는 우리말의 음절구조를 전혀 고려하지 않았다. 따라서 있는 그대로 수입해서 가르치게 되면 많은 아이들이 영어 음절구조에 적합하게 발음하지 못하는 문제를 피하기 어렵다.

영어의 불규칙한 철자-소리 관계와 복잡한 음절구조는 영어를 모국어로 하는 아이들의 읽기능력을 크게 지체시키는데, 덜 복잡한 음절에 더 규칙적인 철자법을 가진 다른 유럽어의 아이들에 비해 '친숙한 단어<sup>familiar words</sup> 식별하고 읽기'는 2년 이상, '단순한 무의미 단어<sup>simple nonwords</sup> 읽기'는 무려 2.5년 정도까지도 느려진다는 연구도 있다.

다른 한편, 영어 파닉스 전문가인 P. M. Cunningham에 따르면, 영어권의 일상에서 흔하게 사용되는 단어들의 철자패턴을 설명하는 규칙만 200개가 넘는다고 한다. 우리 아이들에게 이 많은 규칙

---

[1] //로 표기된 것은 뇌에서 인식하는 소리(일종의 대표음가)인 '음소(phoneme)'를 나타낸다. 실제 발화에서는 그것이 나타나는 맥락에 따라 조금씩 다르게 발음될 수 있는데, 그 실제 발음은 [ ]로 표기한다. 영어 발음기호 목록에 대해서는 인터넷 검색을 추천한다.

을 어떻게 가르칠 것인지, 현실적으로 가능할지 생각해볼 일이다. 그는 또, 철자 패턴이 단어의 발음을 예측하는 데 꽤 의존할 만한 것이긴 하지만 두 가지 예외가 있다고 한다. 하나는, 사용빈도가 매우 높은 단어들 중에 오히려 철자와 발음이 불일치하는 사례가 많다는 점이다. 또 하나는, 어떤 철자 패턴들은 두 가지의 흔한 발음을 가지고 있다는 점이다. 가령 show, grow, slow와 how, now, cow에서 ow는 발음이 다르다. 또, good, hood, stood 등에 나오는 ood[ʊd], 단모음의 발음은 food, mood, brood[ud], 장모음 등에서의 발음과 다르다. 그래서 철자와 발음을 계속 확인하는 아이들은 괜찮지만, 그렇지 않은 아이들은 정확한 단어읽기가 쉽지 않다고 말한다.

Cunningham은 또한 낯선 단어들을 발음할 때는 철자 패턴 활용이 아주 잘 통하지만, 소리를 듣고 철자화할 때도 잘 통하는 것은 아니라고 말한다. 예를 들어, 사전에 없는 무의미 단어인 nade를 읽을 때는 동일한 철자 패턴을 지닌 made, grade, blade 같은 단어들과 비교하여 정확하게 발음하지만, 그냥 말로 [neɪd]라고만 하고 철자로 써보라고 하면 maid, paid, braid 같은 단어들과 비교하여 n-a-i-d로 쓸 수도 있다고 한다. 다시 말해, 많은 단어들이 이미 알려진 철자 패턴과 비교하여 정확하게 발음될 수 있지만, 소리만 듣고 단어를 정확하게 쓰려면 둘 이상의 가능한 철자 패턴 중에서 선택을 해야 한다는 것이다.

우리나라 초등영어 교과서에서도 비슷한 철자 패턴이지만 발음이 다른 예들이 결코 드물지 않다.

| | |
|---|---|
| four, hour, tour | bread, break, breakfast |
| child, children | car, carrot, careful |
| count, country | chance, change |
| ear, early | hear, heard, heart |
| life, live | read, ready |
| know, now | on, one |
| student, study | kind, wind |
| you, young | put, but |
| head, heat, | save, have |

이렇다 보니, 파닉스 지도를 할 때는 학습자들에게 마치 영어 철자와 소리가 규칙적이라는 듯이 가르치지만, 실제로는 규칙에 맞지 않아 보이는 예들이 많아 어린 학습자들 입장에서는 매우 혼란스럽고 어렵다고 느낄 수 있다. 어느 초등교사에게 들은 바에 의하면, 한 학생이 이전에는 up을 정확하게 읽었었는데 파닉스를 가르쳤더니 어느 날 [웁]이라고 발음하더라는 것이다. 아이들에게 알파벳 U는 '우' 소리가 난다고 가르치면 그렇게 될 수밖에 없다.

엄밀하게 말하면, "T는 'ㅌ' 소리가 난다"라는 식으로 철자와 소리 관계를 일대일 규칙인 것처럼 하는 말은 다 거짓말이다. 영어에 그런 경우는 단 하나도 없다고 보면 된다. 뒤에 자세히 설명하겠지만, 그렇게 말하는 것은 뇌가 인식하는 소리를 나타내는 추상적 개념인 '음소' 차원에서 그렇다는 것이다. 하나의 음소가 실제로 발음할 때는 단어의 철자조합에 따라 여러 가지 다른 소리로 나타나는데 가령, T가 top에서는 'ㅌ'처럼 발음되지만 stop에서는 'ㄸ'처럼 발음되고, water에서는 'ㄹ'처럼 발음되기도 한다. '이음'이라고 부르는 이 다른 소리들을 뇌는 하나의 소리로 인식하고, 그렇게 인식한 소리를 음소라고 한다. 따라서 음소의 음가만 가지고 가르치면 반드시 발음 오류 문제에 직면하게 된다. 파닉스 지도 초기에 제시하는 단어들은 제법 일대일로 규칙적인 것처럼 보이지만 의도적인 것이기 때문에 이에 현혹되면 안 된다. 규칙적이라고 배웠는데 뒤에 예외들이 너무 자주 나타나면 아이들의 혼란이 상대적으로 더 커질 수도 있다. 심지어 가르치는 사람에 대한 불신감마저 생겨날 수 있다.

위에서 T의 예를 보았듯이, 어느 철자든 발음은 단어 혹은 그 이상의 맥락 속에서 결정된다. sh는 /ʃ/ 소리가 난다고 하면 틀림없이 맞는 말인 것처럼 생각될 것이다. 어린이 영어 수준에서는 예외가 없다 할 수도 있지만 그걸 벗어나서도 없는 것은 아니다. mishap, mishit에서는 s와 h가 각각 별개 음절로 분리되어 발음된다. 합성어라는 사실을 모르는 이상 이런 예외적 발음을 예측할 수는 없다. 거꾸로, /ʃ/ 소리가 난다고 해서 sh 철자로만 나타내지는 것이 아니라는 점도 기억해야 한다. 위에서 언급하였듯이, 무려 18가지 철자가 가능하다.

  모음 철자의 경우에는 결정적으로 강세의 유무에 따라 소리가 달라지기 때문에 철자만 가지고 어떤 소리가 난다고 말하기는 사실상 불가능하다. 1음절 단어일 때만을 조건으로 하더라도 여전히 철자 조합에 따라 발음이 달라진다. 가령 A-/æ/ 관계는 map, cat, bag처럼 주로 파열음이 뒤따를 때 성립한다. far, saw, ball, was, wash, bass 등에서는 달라지며, A로 끝나는 단어 ma, spa 등에서는 언제나 /ɑ/'아'로 발음되고 절대 /æ/'애'로 발음되지 않는다. 또 하나의 파닉스 규칙이라 할 수 있는, 어말에 묵음 E가 오는 cake, date 등에서는 /eɪ/로 발음되는 패턴은 별개로 배워야 하는데, 여기에는 또 care, fare같은 예외가 있다. 이게 영어의 실상이다.

### 3. 영어 파닉스가 개발된 이유는 높은 문맹률 때문

  철자와 소리 사이의 일치도가 낮으면 여러 가지 사회적인 문제가 발생한다. 무엇보다도 글을 잘 읽지 못하는 문맹이 많아질 가능성이 높아진다. 실제로『유네스코 2013 보고서』에 따르면, 미국, 영국, 캐나다와 같은 나라들은 문식력 비율이 70%~79%인 지역으로 분류되어 있다. 21%~30%가 문맹이라는 말이다. 반면에, 철자와 발음의 일치도가 매우 높은 우리나라의 경우 인터넷 사이트 <World by Map>에 따르면 2002년을 기준으로 97.9%의 문식률을 보이고 있다. 현재는 문맹률이 0%대일 것으로 추측된다.

<Literacy Partners>에 의하면, 높은 문맹률은 가난, 건강, 범죄 등의 사회문제와 직결된다. 가난한 계층과 범죄자들의 문맹률은 평균치보다 높다. 글을 읽지 못함으로써 착각에 의한 약물 오용과 독극물 섭취 사고도 잦다. 이러한 사정으로 감당해야 하는 사회적 비용도 무시할 수 없을 만큼 크다. 그만큼 문맹퇴치를 위한 방안 개발이 절실할 수밖에 없다.

문자를 가진 나라라면 어느 나라든 문자와 소리의 관계를 가르치는 자국어 파닉스 프로그램이 있기 마련이다. 우리나라도 '아, 야, 어, 여, 오, 요, 우, 유, 으, 이', '가, 나, 다, 라, …', '거, 너, 더, 러, …' 식으로 배우는 아주 쉽고 효과적인 한글 읽기 및 쓰기 지도 방식이 있다. 그러나 파닉스가 하나의 거대사업으로까지 발전한 경우는 영어밖에 없을 것이다. 그것은 한편으로는 영어가 모든 나라에서 가르치는 세계어가 되었기 때문이라고 할 수 있지만, 보다 근본적으로는 전 세계에서 문자를 가진 언어 중 철자와 발음이 가장 심하게 불일치하는 언어가 바로 영어라는 사실이 큰 몫을 했다고 볼 수 있다. 다시 말해서, 규칙의 집합체라 할 수 있는 영어 파닉스의 번창은 역설적으로 철자-소리가 너무 불규칙한 데에 따른 높은 문맹률 때문이라고 할 수 있다.

물론, 영어권에 유입되는 많은 외국인 이민자들 교육과 우리나라처럼 세계어로서 영어를 가르치는 현재 상황을 고려할 때, 이제는 더 이상 영어 파닉스 지도가 영어가 모국어인 사람들만을 위한 것이 아닌 것도 사실이다. 하지만 여전히 우리나라를 포함한 외국어의 언어학적인 특성과 음소 습득방식의 차이는 전혀 반영되어 있지 않다. 무엇보다, 영어권 나라에 가서 파닉스를 배우는 것과 우리나라에서 파닉스를 배우는 것은 아주 다른 문제이다. 언어적 특성과 학습환경이 바뀌면 영어권 지도 방법의 효과가 현저히 떨어질 수 있기 때문에 우리나라에서는 방법을 크게 보완하지 않으면 안 된다.

### 4. 영어 파닉스는 모국어 학습자를 위한 것이다

파닉스 지도의 궁극적인 목표는 단어들을 정확하게 읽을 수 있는 능력을 길러주는 것이다. 하지만 잘 들여다보면 영어권에서 하는 파닉스 지도의 일차적인 목표는 우리나라 영어 파닉스 지도의 목표와 다르다. 영어권 지도는 '모국어 능력'을 기반으로 단어를 '식별 word recognition'할 수 있도록 도움을 주는 데 초점이 맞추어져 있다. 모국어 능력을 기반으로 한다는 것은 이미 말을 할 줄 안다는 게 전제된다는 말이다. 식별에 초점을 맞춘다는 것은 '내가 말로 알고 있는 단어가 바로 이거구나!' 하고 알아차리기만 하면 정확하게 발음하게 되어 있다는 말이다. 결국 파닉스는 영어가 모국어인 학습자들을 전제로 개발된 것이다.

　반면에, 우리나라의 영어 파닉스 지도는 '규칙을 익혀서 단어를 정확하게 읽을 수 있도록 하는 것'에 초점이 맞추어져 있다. 영어를 할 줄도 모르고 철자-소리 관계는 매우 불규칙한데, 파닉스 규칙을 익히면 단어들을 정확하게 읽을 수 있을 거라는 모순되고 비현실적인 가정을 하고 있는 것이다. 영어권 파닉스에서 주목해야 할 것은, 궁극적인 목표가 아니라 정확하게 읽도록 유도하는 전략이다.

　영어권에서는 당연히 철자-소리의 높은 불규칙성을 잘 인식하고 있다. 따라서 파닉스만으로 단어들을 정확하게 읽을 수 있으리라고 가정하지 않는다. 그보다는 영어가 모국어이므로 파닉스에 맞춰 소리내어 읽을 수 있으면 단어를 식별할 가능성이 높아진다는 가정이 깔려 있다. 즉, 파닉스는 규칙 습득을 통해 곧바로 정확하게 읽도록 해주는 것이 아니라, 조금 부정확하더라도 소리내어 읽을 수 있게 도와줌으로써 단어를 식별하게 해주는 데 초점이 맞추어져 있으며, 이 식별 단계를 거쳐서 정확하게 읽게 되는 것이다. 예를 들어서, 'friend'는 파닉스 규칙으로 정확하게 읽을 수 없다. 하지만 일단 규칙대로 읽을 수는 있다. 그러면 말을 할 줄 알기 때문에 어느 순간 "Aha, friend[frend]!" 하며 알아차리는 것이다. 문맥이 있다면 더욱 쉽게 식별할 것이다.

한글을 배우는 영어권 사람을 가정하면, '꽃이름'을 구성하는 음소 /ㄲ, ㅗ, ㅊ, ㅣ, ㄹ, ㅡ, ㅁ/의 각 소릿값을 익혀도 절대 [꼰니름]이라고 읽지 못한다. 영어에 없는 음운현상이 적용되기 때문이다. 아마 우리가 듣기에 [꼬치름] 정도로 읽지 않을까 싶다. 하지만 우리나라 아이들은 단어만 식별되면 바로 [꼰니름]이라고 읽는다. 파닉스 지도는 딱 [꼬치름] 단계까지라고 할 수 있다.

파닉스 지도가 식별에 초점이 있다는 근거로는 세 가지를 들 수 있다. 첫째, 강세 지도가 없다. 예를 들어, 똑같은 모음과 음절구조를 가진 banana와 Canada를 비교해보라. 철자-소리 관계만으로는 구별을 할 수 없다. 원어민 아이들은 단어에 강세가 있다는 것과 강세 양 옆의 음절은 모음이 약화되어 [ə]<sub>힘없이 발음하는 '어' 소리</sub>로 발음되는 경향이 강하다는 것을 무의식중에 알고 있다. 먼저, banana의 첫음절에 강세를 넣어 발음해본다. "[bǽnənə]. 어, 이런 말 없는 거 같은데!" 그럼 두 번째 음절에 강세를 넣어본다. "[bəbǽnə]. 아하, banana!" 이번에는 Canada의 첫 음절에 강세를 넣어 발음해본다. "[kǽnədə]! 아하, Canada!" 강세는 이렇게 단어 식별에도 중요하다. 영어를 모르는 우리나라 아이들은 이게 될 수가 없다. 강세는 대단히 중요하고 따라서 반드시 잘 알아야 한다. 우리말 자체가 강세가 없기 때문에 지도를 하지 않으면 말할 때 강세가 없거나 잘못된 음절에 넣기도 하고, 나아가 음절수도 늘어나는 등 오류가 많이 발생할 수밖에 없어 의사소통이 원활하게 이루어지지 않게 된다. 습관이 되면 교정하기도 쉽지 않다.

　언어학자로서 확신을 갖고 말하면, 우리말에는 강세가 없기 때문에 영어 강세를 잘 구사하려면 입으로 익히되 강세음절을 좀 과장되고 길게 발음하며 익히는 것이 가장 효과적이다. 그렇게 입으로 연습을 하면 그리 오래지 않아 강세법칙은 말할 것도 없고 언어학자들조차도 쉽게 설명하지 못하는 복잡한 소리문법까지 잠재의식이 알아서 파악해내면서 원어민의 직관에 접근해간다. 파닉스도 저절로 익혀진다.

　둘째, 하나의 음소<sup>철자</sup>가 맥락에 따라 다르게 발음되는 '이음'에 대한 지도가 없다. 음소는 '뇌가 인식하는 소리'로, 추상적인 개념이라서 엄밀하게는 들을 수도 발음할 수도 없다. 우리가 실제로 발화를 해서 입 밖으로 내보내고 귀로 듣는 소리는 모두 이음이다. 위에서 예를 들었듯이, 알파벳 T로 대표되는 음소 /t/는 실제 발음에서 'ㅌ top', 'ㄸ stop', 'ㄹ water' 등 여러 가지 이음으로 실현된다. 그래서 "T는 'ㅌ' 소리가 난다"라고 가르치는 것은 잘못된 지도다. 음소와 이음의 관계에 대한 개념이해 없이 가르치기 때문에 아이들만 헷갈린다. 영어가 모국어인 아이들은 음소만 인식하게 되면 알아서 이음으로 발음한다. 철자 W-A-T-E-R을 보여줘도 단어만 식별되면 [워러]라고 발음할 수 있는 것이다. 우리 아이들은 그럴 수가 없다. 그래서 가르치지 않을 수 없다. 그런데 교사들조차 파닉스를 가르칠 때는 T는 'ㅌ'소리가 난다는 식으로 규칙처럼 가르치고서, 다른 때는 '워러water', '스땁stop'처럼 이음으로 발음해버리기 일쑤다. 그럼 아이들은 헷갈려하고 어려워할 수밖에 없다.

셋째, 영어권 파닉스에는 발음지도가 없다. 발음지도는 외국인 영어 학습자를 위한 영역이다. 우리는 외국어의 소리를 있는 그대로 듣지 못한다. 한국어의 귀로 듣는다. 그래서 우리말에 없는 음소를 들으면 한국어 음소 중 근사치로 듣고 또 그렇게 발음하게 된다. 영어 단어의 우리말 표기를 보면 쉽게 알 수 있다. /p/와 /f/를 똑같이 'ㅍ'으로, /b/와 /v/를 'ㅂ'으로 표기한다. zone의 z, treasure의 s, jam의 j 모두 다른 음소지만 우리말로 표기하면 다 'ㅈ'이다. think와 sink는 똑같이 '씽크'다. 우리 귀로는 sit와 seat, pull과 pool의 차이를 구별하기 힘들다.

영어의 음운변화도 문제다. 위에서 '꽃이름'을 예로 들었는데, 우리 아이들이 파닉스를 배워도 마찬가지다. 가령, still은 /s/ 뒤에서 'ㅌ'이 'ㄸ'로 발음되는 된소리 현상과 /l/이 모음 뒤에서 흐리게 발음되는 'Dark-L' 현상이 적용되어 's띠을'처럼 발음된다. 파닉스로 우리 아이들에게 가르치면 개별 음소를 알아도 [스틸]로밖에 읽을 수 없다. [스틸]에서는 음절수가 늘어 2음절이 되고, 그러면서 강세는 첫음절로 옮아가고, 두 개의 영어 음운변화도 적용이 안 되어 있다. 이로 인해 콩글리시에 아주 익숙한 원어민이 아니면 알아들을 수 없는 발음이 되고 만다. 결국, 우리는 파닉스와 발음을 동시에 효과적으로 지도할 방법을 찾아야 한다.

### 5. 발음지도의 최소대립쌍 활동이 파닉스보다 낫다

　사실 파닉스만 철자-음소 관계를 가르치는 게 아니다. 발음지도에서도 가르친다. 파닉스에서는 철자와 음소가 어떻게 연관되는지를 가르친다. 반면에, 발음지도에서는 모국어의 귀로는 매우 비슷하게 들리지만 실제로는 다른 영어 음소들이 어떻게 다르게 발음되는지를 가르친다. 이 과정에서 철자와 음소 관계도 동시에 익히게 된다. 최소대립쌍 minimal pairs 은 여기에 가장 핵심적인 역할을 한다. 최소대립쌍은 하나의 소리만 다르고 나머지 소리는 같은 단어 쌍을 가리키는 말이다. 최소대립쌍을 활용하면 시각적으로는 철자와 음소 관계가, 청각적으로는 발음의 차이가 분명하게 드러나는 장점이 있다. 따라서 철자-음소, 음소-발음 두 관계 모두 쉽게 익혀지는 일석이조의 효과가 있다.

　파닉스 역시 최소대립쌍을 종종 활용하지만 발음지도와 다른 점이 하나 있다. 발음지도에서는 /p/-/f/ pan-fan, /u/-/ʊ/ pool-pull 처럼 모국어의 귀로는 같은 소리로 들림으로써 발음 오류를 범하기 쉬운 음소들이 잘 드러나게 하는 최소대립쌍을 활용하는 반면, 파닉스에서는 c-at/b-at c-ake/b-ake처럼 같은 철자 패턴이면 발음도 같은 패턴이라는 점에 초점을 맞춘 최소대립쌍을 활용한다. 게다가 모국어 학습자를 전제로 하기 때문에 /p/-/f/, /u/-/ʊ/ 같은 대립쌍을 잘 사용하지 않는다. 우리나라 학습자들은 영어의 음소를 모국어의 귀로 듣고 발음한다는 점을 고려하면, 발음지도에서 하는 방식으로 최소대립쌍을 활용하는 것이 합리적이며 파닉스와 발음 지도의 효과를 동시에 거두는 방법이라 할 수 있다.

최소대립쌍 활용은 우리나라 아이들에게도 결코 낯설지 않다는 큰 장점이 있다. 모국어 읽기도 최소대립쌍을 통해서 익히기 때문이다. '한국어 파닉스'라고 부를 수 있는 요즘은 'K-phonics'라고도 부름 한글 읽기지도에서 전통적으로 사용해온, '한글 읽기표'가 사실은 모두 최소대립쌍으로 되어있다. '가 나 다 라 마 바 사 …'를 얼핏 보면 모두 자음 하나에 모음 하나만 있어서 최소대립쌍이 아닌 것처럼 보일 수 있지만, 각 글자에 'ㄴ' 같은 받침이 하나 더 붙어있다고 생각해보라 간 난 단 란 만 산 …'. 그럼 하나의 소리만 다르고 나머지가 같은 최소대립쌍이라는 게 더 잘 보일 것이다. 이렇게 글자들을 제시하니까 철자와 음소 대비가 체계적으로 드러나게 됨으로써 글자와 소릿값을 인지하기가 매우 수월하다.

우리는 이렇게 최소대립쌍 활동을 통해 쉽게 한글을 깨쳐왔다. 언어학에 기초해 한글을 창제한 나라답다. 얼마나 쉬운지 외국인들도 불과 하루도 안 돼 다 익힐 정도로 쉽다. 한국을 연구하는 외국 학자 중에는 한 시간이면 한글을 읽을 수 있다고 말하는 사람도 있다. 물론, 영어와 달리 우리말의 철자-소리 일치도가 거의 완전에 가깝기에 가능한 일이다. 요즘 모국어인 한국어 글을 익히는 게 더딘 아이들에게 영어 파닉스 지도법으로 가르치는 모습을 종종 본다. 영어와 우리말의 특성 차이에 대해 무지해서 그런 건데, 볼 때마다 정말 안타깝다.

영어권 방식을 모방하는 우리나라 초등학교 영어교과서를 살펴보면 아쉽게도 최소대립쌍을 거의 사용하지 않는다. 음소 차원에서 대조가 되는 짝을 제시하더라도 흔히 아래처럼 최소대립쌍이 아닌 단어 짝을 제시하고 들려주며 구별해보라는 방식으로 진행된다.

/s/-/z/: song, six - zebra, zoo
/p/-/f/: pizza, pig - fun, four
/l/-/r/: look, lemon - run, robot
...

발음지도 관점에서 볼 때, 이렇게 하면 첫째, 같은 음소를 포함하고 있는 단어 짝들이라 하더라도 서로 여러 개의 소리가 다르면 간섭현상 때문에 목표 소리를 잘 구별해내지 못한다. 예를 들어, song-sock-see를 연속해서 들려주고 같은 소리를 찾으라고 해보라. 어른이 보기에는 너무 쉬워 보이지만 최소대립쌍보다는 난도가 높아서 잘 모르겠다는 아이들이 의외로 많다.

둘째, song과 six로 첫 소리가 어떤지 묻고 답하는 과정을 마친 다음에 zebra과 zoo로 또 어떤 소리인지 묻고 답하는 방식으로 진행하면, 두 단어 세트 사이에 시간적 간극이 커져서 /s/와 /z/의 차이를 쉽게 인지하지 못한다. 한 단계 더 나아가, 최소대립쌍 단계를 거치지 않은 채 'cup-pig-hot' 같이 단어들을 들려주고 첫소리를 구별해 보라고 하면 난도가 급상승한다. 어른의 눈으로 보면 이해가 잘 안 되겠지만 어린아이들 세계에서는 실제로 그렇다.

모음의 경우에도 대부분 두 개의 음소가 대비되게 제시하지 않는다. 아래처럼 보기에 최소대립쌍인 것처럼 보이는 단어들을 제시하더라도 초점이 다르다.

/ɪ/-pig, big, wig

/æ/-cat, bat, fat

...

이 경우는 동일한 모음으로 구성된 철자패턴임이 잘 드러나게 하기 위해 최소대립쌍을 사용한 것이지, 음소 /p, b, w/, /k, b, f/의 발음을 가르치기 위함이 아니다. 'sit-seat, bed-bad, pull-pool, bought-boat'처럼 같은 모음처럼 들리지만 다른 음소를 가진 최소대립쌍을 제시해주어야 철자-음소-발음 관계를 인식할 기회를 갖게 된다. 그렇지 않고 대비되는 모음 음소를 시공간적으로 서로 멀리 떨어뜨려 놓으면 소리 구별도 철자 구별도 잘 되지 않아 구별 능력이 잘 길러지지 않는다.

한편, 파닉스에서 위의 예처럼 최소대립쌍을 활용하는 것을 'onset-rime' 활동이라고 한다. 인터넷에서 검색하면 자료가 많이 나온다. onset^초두자음은 하나의 음절에서 모음 앞에 오는 자음(군)을 말하고, rime은 모음과 뒤따르는 자음(군) 철자를 합쳐 부르는 용어다. 참고로, 우리가 일상적으로 노래 등에서 라임을 이룬다고 말하는 것은 'rhyme^각운'이며 ^rime과 발음이 같음, 이것은 소리로만 따지는 음성학 개념이다. 예를 들어, 'fare[feər]'와 'pair[peər]'는 소리로만 따지면 초성인 /f/와 /p/만 다르고 나머지 소리는 같기 때문에 rhyme을 이룬다. 하지만 철자패턴이 다르기 때문에 rime은 아니다. 반면에 rime은 철자까지도 같은 것을 가리킨다. 'bake'와 'cake'는 소리도 rhyme을 이루며 철자도 rime을 이룬다. 어린아이들은 헷갈리기 쉽기 때문에도 철자와 소리 모두 최소대립쌍 형태를 이루는 rime을 많이 사용한다.

onset-rime 활동은 아래처럼 서로 다른 초성과 주어진 하나의 rime을 합하여 단어를 완성함으로써 철자와 음소의 조합 방식을 이해하게 하는 활동이다.

| onset | rime | word |
|---|---|---|
| c | -at | cat |
| h |  | hat |
| m |  | mat |
| b |  | bat |

영어권의 onset-rime 활동은 음소가 달라져도 같은 철자 패턴이면 같은 방식으로 발음된다는 점을 부각시킬 뿐이다. 우리나라에서

는 발음지도의 최소대립쌍 활용 방식을 원용하여 fat-pat-vat-bat처럼 두 언어의 음소 차이에 따른 소리인지 차이와 철자법을 고려한 onset-rime 활동으로 설계하면 철자-음소-발음 관계를 포괄하여 더 효과적일 것이다.

영어와 우리말 음소목록의 차이에 따른 잠재적 발음 오류를 고려하여, 우리에게 보다 적합하고 누구나 활용할 수 있는 철자-음소/이음-최소대립쌍 표를 하나 예시로 제시해보면 다음과 같다.

| 유형 | 철자 | 음소 | 최소대어 |
|---|---|---|---|
| 자음 | P-F<br>B-V<br>TH-S<br>TH-D<br>Z-J/G<br>L-R<br>S-SH | p-f<br>b-v<br>θ-s<br>ð-d<br>z-dʒ<br>l-r<br>s-ʃ | pan-fan, pin-fin<br>ban-van, berry-very<br>think-sink, thing-sing<br>they-day, though-dough<br>zip-jip, zee-Gee<br>light-right, lace-race<br>seat-sheet, sow-show |
| 모음 | I-EA/EE<br>E-A<br>U-OO<br>A/OW-AW/O | ɪ-i<br>e-æ<br>ʊ-u<br>ɔ-oʊ | sit-seat, fit-feet<br>bed-bad, pen-pan<br>full-fool, pull-pool<br>ball-bowl, claws-close |
| 이음 | P-SP<br>T-ST<br>K/C-SK/SC<br>T-TR | p-sp<br>t-st<br>k-sk<br>t-tr | pin-spin, pan-span<br>top-stop, tick-stick<br>kid-skid, car-scar<br>tee-tree, tip-trip |

이 목록은 한 번에 전부 가르치라고 제시한 것이 아니다. 목표로 하는 철자-음소-발음을 가르칠 때 필요한 예시를 가져다 사용할 수 있는 자료로서 제시한 것이다. 또, 최소대립쌍을 굳이 많이 사용할

필요는 없다. 아이에게 낯선 단어들이 너무 많아질 수 있다. 우리말에 없는 철자와 음소를 인식하고 발음에 주의하게 하려는 목적으로 사용하는 것이므로 두 개 정도의 예만으로 가르칠 수 있다.

 위 단어 예시들을 보면, 일부 예에서 철자패턴이 동일하지 않은 것들이 섞여있다. 그래서 아이들이 혼란스러워 하지 않을까 라고 생각할 수도 있다. 이런 염려는 파닉스를 너무 '규칙'으로 가르치기 때문에 생겨난다. 규칙이 아니라 '보통은 그렇게 발음한다', '그렇게 발음할 때가 많다' 정도의 경향성으로만 인식을 해야 규칙으로 의식을 덜 하고 예외에 대한 거부감과 혼란도 덜하다. 규칙 의식이 강해지면 강해질수록 예외에 대한 의식도 강해지고 그만큼 헷갈림도 심해진다.

제2장　**파닉스보다 중요한**

　　　　**낭독(Read-Aloud)**

　이제 파닉스부터 가르치지 않고도 영어를 읽을 수 있게 하는 방법에 대해서 이야기해 보고자 한다. 요점은 눈으로 글을 보면서 큰 소리로 읽는 낭독read-aloud이 가장 효과적인 방법이라는 것이다. 파닉스 지도는 보조적으로 하면 된다. 낭독은 발성기관을 적극적으로 사용하고 시각과 청각을 동시에 자극하기 때문에 잠재의식이 활발하게 작동하게 하며, 파닉스와 발음뿐만 아니라 듣말읽쓰 능력과 문법감각 형성에도 크게 도움이 된다.

### 1. 파닉스 규칙을 모르는 것이 오히려 낫다

　다소 황당하게 들리겠지만, 아이들은 파닉스 규칙을 모르는 것이 낫다. 좀더 강하게 말하면 규칙을 몰라야 한다. 우선 규칙을 명시적으로, 머리로 익히게 되면 규칙이 너무 많아서 아이들이 힘들어한다. 다음으로, 수많은 예외들과 파닉스 단계를 넘어선 음운변화 현상 때문에 아이들에게 혼란을 초래한다. 오히려 규칙을 몰라야 규칙적인 것은 규칙적인 것대로, 규칙적이지 않은 것들은 아닌 것대로 별 생각 없이 익히고 그럼으로써 잠재의식이 더 잘 작동하고 혼란과 부작용도 덜하다.

앞서 설명했듯이, 영어 파닉스는 철자-소리 관계가 너무 불규칙해서 규칙을 가르치는 역설적인 지도법이라는 점, 영어와 우리말은 언어학적으로 매우 다르다는 점을 충분히 이해하고 지도해야 한다. 무엇보다도 어린이의 관점에서 지도를 해야 한다. 영어로 말을 할 줄 모르는 우리나라 아이들이 영어의 철자-소리 관계를 의식적으로 익히려면 분석적 사고력, 즉 고등사고력이 필요하다. 아직 인지적 발달이 미숙한 단계의 어린아이들에게는 고등사고력 요구를 최소화하면서 효과를 거둘 수 있는 지도가 필요한데, 가장 좋은 방법은 낭독을 통해 잠재의식에 어필하는 것이다. 파닉스는 발음지도와 함께 보조적으로 지도하면 된다.

개인적인 경험을 소개하면, 필자가 중3일 때 영어학원을 잠시 다닌 적이 있었다. 중1 때부터 영어를 가르치던 시절이고 파닉스라는 개념이 없던 시절이었다. 그리고 우리나라의 모든 영어 시험에서 1~4번은 꼭 발음과 강세 문제였던 시절이었다. 학원 선생님은 단어를 외울 때 강세 부분을 큰 소리로 과장되게 발음하며 외우라고 하셨다. 우리는 발음기호를 배웠기 때문에 강세와 발음은 사전을 보면 알 수 있었다. 고등학교에 올라가기 전까지 약 8개월 정도로 기억하는데, 착하게도(?) 난 그 선생님이 하라는 방식대로 했다. 그냥 단순하게 손바닥만 한 카드에 단어를 10개씩 적어서 강세를 살려 입으로 소리내어 발음하며 외웠다. 파닉스도 음성학도 아는바 없으니 철자패턴을 정리해보자는 생각은 아예 하지도 못했고 그냥 책에 나오는 모르는 단어들을 순서대로 적어서 입으로 외웠을 뿐이다. 그런데 고등학교를 다니는 동안 영어 시험에서 1~4번 문제를 틀려본 기억이 없다(단지 기억이 없는 것일 수도 ^^). 모르는 단어가 나와도 강세가 어디에 있고 발음은 어떻게 되는지 감이 왔다. 당시에는 몰랐지만 언어학을 공부하고서 그때 그 학원선생님이 가르쳐주신 방법이 지극히 단순하지만 얼마나 훌륭한 방법인지 알게 되었다. 예외들도 의식 자체를 거의 하지 않았기 때문에 학습에 방해가 되지 않았다. 대부분의 단어들이 그냥 일견어휘화가 되면서도 복잡한 파닉스 규칙은 그것대로 무의식중에 터득한 것이다. 무엇보다 놀라운 점은, 이렇게 소리내어 읽음으로써 파닉스 수준을 훨씬 뛰어넘는 '음운론 phonology'이라고 부르는 매우 복잡하고 전문적인 수준의 소리문법까지 터득했다는 점이다. 이처럼 잠재의식은 학자들도 설명하기 쉽지 않은 고난도의 음운현상까지 파악해낸다. 그러면서도 부작용이 전혀 없다.

## 2. 모국어로 익힌 감(感)을 활용하자

어린 영어학습자들에게 분석적 사고를 최소화하면서도 좋은 효과를 내는 파닉스 지도방법은 모국어 습득 과정을 통해 이미 익혀진 감感을 활용하게 하는 것이다. 즉, 모국어 습득과정에서 잠재의식으로 익혀진 소리 인식 능력을 발휘하게 하는 것이다. 낯선 영어에 대해서는 아무런 감이 형성되어 있지 않기 때문에 파닉스를 익히려면 머리를 쓸 수밖에 없는데, 영어의 철자-소리 관계는 불규칙성이 매우 높고 예외가 너무 많아서 아이들의 입장에서는 매우 낯설고 어렵다. 감이 형성되는 데 시간도 많이 걸릴 수밖에 없다. 어린아이들에게 고등사고력을 크게 요구하지 않고 영어 단어 읽기능력을 좀더 빨리 길러주려면 모국어인 한국어의 언어학적 특성을 최대한 활용하는 것이 훨씬 낫다.

아이들의 소리인식 능력은 음절 > 초두자음/각운 > 음소 순서로, 음소인식 능력을 가장 늦게 터득한다는 게 학계의 정설이다. 위에서 보았듯이, 초두자음 onset은 한 음절에서 모음 앞에 오는 자음(군) 말한다. 각운 rhyme은 모음과 그 뒤의 자음(군)을 합한 것이다. 소리인식 능력 발달 순서가 그렇다면, 어느 연령대에서나 쉽게 발휘할 수 있는 음절감각을 활용하는 것이 좋다. 우리말은 음절언어이고 따라서 소리인식의 최소단위가 음절이기 때문에 감각적으로 아주 익숙해져 있고, 한글을 익히는 과정에서 그러했듯이 최소대립쌍 형식의 음절 학습만으로도 음소 차이를 식별하고 발음할 수 있는 능력을 기르는 것이 가능하기 때문이다. 언어에 관계없이 인간은 단어를 기억할 때 음절 단위로 기억한다는 점도 알아두자. 예를 들어, sister라는 단어를 기억할 때, sis-ter 두 음절로 기억하지 낱개 소리의 합으로 기억하지 않는다.

우리나라의 어린 학습자들에게 개별 자음을 독립적으로 발음하는 법을 가르치는 것은 청각적인 혼란을 주고 나아가 모음삽입 오류를 촉진할 수 있다. off를 '오프프'로 읽더라는 일화를 들은 적이 있는데, 파닉스를 지도하면서 모음 없이 자음 소리만 가르친 데 따른 부작용이다. 순수하게 자음만 발음했는지 모음을 넣어서 발음했는지 교사 자신도 잘 인지하지 못하면서 어린 학습자들에게 그런 능력을 요구하고 가르치고 있는 것이다. 설령 교사가 자음만 발음하는 법을 알고 있다 하더라도 여전히 문제는 있다. 어차피 /k, p, t, ʧ, f/ 등을 모음 없이 정확하게 자음 소리만 들려줘도 아이들 귀에는 모음이 들어간 '크, 프, 트, 츠, 프' 등으로 들리게 되어있다. 이건 음절언어의 공통된 특징이다.

우리나라 사람들은 자음을 독립적으로 발음하는 법을 잘 모르지만 말하고 듣고 읽는 데 아무 문제가 없다. 일반사람들 특히, 어린 학습자들이 자음과 모음을 구분하고 개별적으로 발음할 수 있는 수준의 전문성을 갖출 필요는 없다. 그런 능력은 커서 음성학자가 되고 싶을 때 길러도 늦지 않다. 우리 아이들은 bat, pat, cat의 차이를 구별하고 발음할 수 있도록 지도하면 충분하고, /b/, /p/, /k/를 독립적으로 발음할 수 있는 수준까지 지도를 할 필요는 없는 것이다. 흔히 파닉스 교재에 딸린 발음동영상을 보면 개별 자음의 원어민 발음을 제공하는데, 이것은 우리말 특성에 대한 언어학적인 이해 없이 영어권 방식을 맹목적으로 따라한 것이다. 가장 바람직하게는, 최소대립쌍을 이루는 단어들의 발음동영상을 통해 개별 음과 발음을 익히게 하는 것이 아이들에게 훨씬 쉽고 부작용이 없다. 또, 파닉스 지도에서 흔히 무의미 단어들을 자주 활용하는데, 상용어휘들도 많은데 굳이 그럴 필요는 없다. 상용어휘들을 활용하되 최소대립쌍을 많이 활용하는 것이 더 효과적이다.

한편, 영어의 음운현상까지 익히려면 좀더 시간이 걸린다. 파닉스는 음운현상 이전까지의 지도 프로그램이다. 우리말에서와는 다른 특유의 음운변화 현상들이 많기 때문에 파닉스 단계를 넘어 음운변화까지 익혀야 하지만, 그렇다고 해서 반드시 지식으로서 배워야 하는 것은 아니다. 게다가 파닉스 지도에서 너무 규칙을 강조하면 음운현상마저 규칙으로 가르쳐야 하는 문제로 이어진다. 지식으로 가르치려 하면 점점 더 복잡해지고 끝이 없다는 말이다. 능동적으로 글을 보면서 영어의 강세와 리듬에 유의하며 낭독을 많이 하면 잠재의식에서 파닉스와 음운변화까지 다 터득할 수 있다.

## 3. 낭독은 영어학습의 만능키다

글을 소리내어 읽는 낭독은 부작용 없이 단어 읽기능력을 길러주는 가장 좋은 방법이다. 파닉스를 배우지 않더라도 소리내어 읽다보면 파닉스는 물론이고 훨씬 더 고차원의 소리문법까지 터득한다. 영어 파닉스는 아주 소수의 규칙들만 모아놓은, 그렇지만 어린아이들이 감당하기에는 너무 많은 규칙을 가르치는 지도법이다. 또, 우리나라처럼 소리 특성이 매우 다른 언어 환경에서는 정확하게 이해하지 못하고 왜곡하여 받아들이기 십상인 불안한 지식의 집합에 불과하다. 낭독을 하면서 약간의 파닉스 활동과 쓰기 활동을 보조적으로 활용하면 파닉스의 잠재적 문제점들이 발현되지 않으면서 훨씬 좋은 효과를 낼 수 있다. 사실, 낭독은 소리문법 습득을 넘어서 문법 습득과 문장생성감각까지 길러지게 해준다. 거의 영어학습의 만능키라고 할 수 있다.

특히 서술 이해(해석), 은유, 유추, 유머 등을 경험하게 하는 스토리의 낭독은 언어를 관장하는 좌반구뿐만 아니라 비언어를 담당하는 우반구까지도 활성화시키는 것으로 알려져 있어서 창의성 개발로까지 이어질 수 있다. 그런 의미에서 영어를 처음 배울 때부터 글을 보고 읽는 습관을 들일 필요가 있다. 우리나라 초등학교에서는 3-4학년 영어교재가 거의 그림책에 불과한데, 말을 가르치면서 글은 보여주지 않는 것은 매우 잘못된 방식이다. 문장을 쓰게는 하지 않더라도 눈으로는 봐야 한다. 쓰는 것만이 문자지도가 아니다. 문자 이미지 노출도 매우 중요한 문자지도의 일부이다. 문자 노출이 충분히 되어야 나중에 읽고 쓰기를 할 때 덜 힘들다.

옛날 서당에서 한문을 익히던 시절을 생각해보라. 아무리 어린 아이들이라 하더라도 책을 보면서 읽었다. 당연히 책에 나오는 한자들을 아이들이 쓰기는 힘들다. 그래도 보고 읽어야지 허공에 대고 소리만 내는 것으로는 천자문을 다 외운다 한들 나중에 따로 한자를 보여주면 읽을 수가 없다. 다시 별도의 많은 시간을 들여야 한다. 보고 읽으면 이런 문제가 훨씬 덜하다. 영어학습도 마찬가지다. 말을 가르치는 시간이라 하더라도 문자를 보면서 말하는 기회를 자주 주어야 한다. 또한, 우리가 가진 오감五感은 많이 사용하면 할수록 더 잘 익혀지고 기억도 잘 되게 되어 있다. 시각은 언어학습에서 아주 중요한 감각이다. 이것 하나만 더해져도 학습효과는 크게 올라갈 수 있다.

교실수업이라면 매 차시 손으로 들고 배운 표현들을 보고 낭독하는 활동을 해보길 권한다. 문장은 말로 하고 읽고 쓰는 것은 아무 맥락도 없이 제공되는 단어 몇 개일 뿐인 게 현재 초등영어 3-4학년 교과서이다. 문장차원의 문자노출이 없다가 5학년으로 올라가서 갑자기 문장들이 나오게 되면 당연히 잘 못 읽고 못 쓴다. 실제로 이 시기에 읽기와 쓰기 부진아가 쏟아져 나온다. 하루빨리 개선되어야 한다.

모든 책을 무조건 소리내어 읽으라는 건 아니다. 낭독 시간도 있고 혼자 눈으로 읽으며 즐기는 시간도 있어야 한다. 아이의 개별적인 성격에 따라 달라지지만, 너무 낭독만 강권하면 눈으로는 조용히 보지만 마음속에서는 소리내어 읽는 심내낭독心內朗讀, subvocalization이 습관으로 이어져 눈으로 읽는 속도가 느려질 수도 있다. 심내낭독이 암기에는 도움이 될 수 있지만 속독에는 방해가 되기도 한다.

### 4. 읽을거리는 '아이에게' 재밌어야 한다

다소 상식적이지만, 이야기책을 선택할 때는 처음에는 그림이 많고 글은 적은 것을 선택하는 것이 좋다. 첨부터 글이 많으면 자칫 쉽게 흥미가 떨어질 수 있다. 글씨도 충분히 커야 한다. 그래야 문자 이미지가 잘 기억될 수 있고, 소리와 문자를 매치시키면서 읽기에도 좋다.

시리즈로 된 책을 구입했더라도 꼭 제1권부터 시작할 필요는 없고 아이가 재밌어하는 것부터 하면 된다. 재미없어하는 것은 건너뛰고 아까워하지 않아도 된다. 아이가 재미없어도 하는 단계까지 가기 전에는 흥미를 잃지 않는 것이 더 중요하다. 참고로, be 동사가 많은 스토리는 대체로 생동감이 없어서 아이들이 재미없어하고 학습효과도 떨어지는 경향이 있으므로 초기에는 선택하지 않는 것이 좋다.

무엇보다도, 아이들의 읽을거리는 아이들이 좋아할 내용의 글이어야 한다. 어른의 눈으로 재밌고 유익할 거라는 판단은 어긋날 때가 잦으니 주의해야 한다. 직접 고른다면 유머와 감성의 관점에서 살펴보는 것이 도움이 될 것이다. 아이가 좋아하는 영역이 있으면 그 분야 글을 읽는 것이 좋다. 꼭 흔히 접하는 교과서처럼 뻔하고 재미없는 대화로 익혀야 되는 것은 아니다. 어차피 영어 문장들은 소수의 구조로 만들어지고, 그런 구조들은 과학, 음악, 문학, 문화, 어느 영역의 이야기를 가지고 익히든 다 접하게 되어있다. 아이와 함께 고르고 최종선택권도 아이에게 주는 것이 좋다. 아이의 자기주도적 태도가 길러지고, 능동성이 생겨 성공할 확률이 높아지기 때문이다.

물론 다소 강압적으로 시키는데 말을 잘 듣는 아이들도 있을 수 있다. 세상에는 워낙 다양한 아이들이 있고, 그중에는 외부 압력이 좀 있어야 움직이는 아이들도 있다. 그렇다 하더라도 읽을거리는 아이가 좋아할 만한 것으로 시작하는 것이 좋다. 그래야 빨리 성취감을 느낄 수 있고 오래 지속할 수 있다. 다시 말하지만, 외국어를 익힐 때는 '많이 어렵지 않네. 나도 할 수 있겠네!'라는 생각이 들 만한 성취감을 빨리 맛봐야 흥미가 생겨나고 지속할 수 있는 힘이 생긴다. 어른이 생각할 때 아무리 '이 책으로 하면 훨씬 좋은데',

'이렇게 하면 훨씬 나은데' 라는 생각이 들더라도 처음부터 강요하면 실패하기 쉽다. 조금 우회하더라도 아이의 선택권을 존중해주는 것이 결국에는 더 빠르게 가는 길이다.

## 5. 스토리 읽기는 반드시 하향식(top-down)으로

아이에게 스토리북을 읽어준다면 하향식으로 접근해야 한다. 이야기 전체의 흐름이 머릿속에 그려져 있는 상태에서 글을 보고 읽어야 학습효과가 제대로 발휘된다. 따라서 책을 펴자마자 첫 장부터 읽어주지 말고, 일단 먼저 그림을 보며 서로 이야기를 재밌게 나누면서 책 끝까지 가보는 것이 좋다. 그렇게 해서 이야기의 전체적 흐름이 머릿속에 그려지게 해야 한다. 이 과정에서 서로 나누는 이야기가 실제와 좀 어긋나도 괜찮다. 끝에 가서 정리하면 된다. 이야기의 전체 흐름을 미리 알고 있으면, 첫 장부터 읽어갈 때 아이의 내용 이해도가 높아서 흥미를 잃지 않고 따라갈 수 있다.

읽어줄 때는 아이와 교감하면서 읽어주어야 한다. 아이에게 하는 질문은 "이게 뭐야?" 같은 명사형 질문도 할 수 있지만 그 질문만 하면 상대적으로 교감이 덜 된다. "왜?", "어떻게?" 같은 서술형 질문도 있어야 교감이 잘 되고 상상력과 사고력도 함께 길러진다. 상호작용을 하는 교감읽기는 학습효과와 사고력 발달뿐만 아니라 부모와의 관계형성에도 매우 긍정적인 효과를 가져다주게 된다. 교감 없는 일방적 읽어주기에 비할 바가 아니다. 덤으로, 부모와 함께하는 시간이 훗날 아이에게 좋은 추억으로 기억될 것이다.

전체 줄거리가 머릿속에 있다면 스토리텔링 하듯이 재밌게 읽어주면서 각 문장의 뜻을 알려주고 간단하고 유용한 표현이 눈에 띌 때는 따라하게 해도 된다. 물론 아이의 상태와 반응을 잘 살펴가면서 진행해야 한다. 중요한 것은 아이의 입장에서 생각하고 판단하는 것이다.

아이도 잘 따라왔고 스토리를 비교적 상세하게 이해했다고 생각되면, 다시 부모가 읽어주거나 원어민 음원이 있으면 그걸 들려주고 아이는 그냥 들어보게 하는 것도 괜찮다. 내용을 잘 알고 들으면 귀가 단어를 쫓아가지 않고 덩어리로 들으며 뜻도 쉽게 파악한다. 이를 통해 문장차원의 말이 쉽게 들리는 성취감도 느낄 수 있다. 아이에게 이 같은 하향식 듣기는 영어학습에 매우 도움이 되는 경험이다.

한편, 흔히 엄마표 영어학습에서 영어를 시작하면 듣기부터 하라고 강조하는 사례가 많은 걸로 알고 있다. 굳이 엄마표가 아니라도 처음에는 듣기를 많이 해야 자연스럽게 말하기와 읽기로 연결될 수 있다는 주장은 합리적인 면이 있다. 모국어 습득과정을 보면 듣기부터 시작된다. 또, 영어를 배우기 시작하는 아이들은 처음부터 적극적으로 말을 하려고 하지 않는 경향이 있다. 나름 준비기간이 필요한 것이고, 이때는 듣기를 하면 영어와 좀 친숙해질 수 있다. 또, 듣기가 잘 되면 말하기, 읽기, 쓰기 능력에도 긍정적인 영향을 미친다. 그런 점에서 듣기부터 하는 것이 맞는 말이라 할 수 있다.

그런데 이 역시 영어권이 아닌 우리나라 환경 관점에서 신중하게 살펴볼 필요가 있다. 듣기를 하는 방법이 어떠하고 내 아이에게도 그 방법이 적절한지 잘 살펴야 한다. 중요한 것은 하향식으로 접근하는 것이다. 아직 아무런 준비가 되어있지 않은 상태라면 재미있는 동영상을 보거나 교감하며 읽어주는 스토리북을 보며 듣는 등의 경험을 통해 영어의 소리와 친해지게 하는 것이 좋은 방법이 될 수 있다. 어린아이들이 동영상을 보거나 스토리북을 보고 들을 때는 눈과 귀가 단어를 쫓아가지 않고 그냥 종합적으로 느끼는 경향이 있다. 아이가 흥미 있어 하고 그게 이어지면 아이의 귀가 영어 소리에 친숙해진다. 그러면 차차 입이 열리고 읽기에 대한 적극성이 높아질 수 있다.

영어 소리에 친숙해지게 하는 듣기는 직접적으로 '귀를 훈련시키는' 듣기지도와는 다르다. 만약 귀를 훈련시키는 듣기지도에 초점을 맞춘다면 초보자들은 반드시 아는 말을 반복해서 들어야 귀가 단어를 쫓아가지 않는다는 점을 명심해야 한다. 잘 모르는 말을 강압적으로 듣고 말해보게 하면 자칫 귀가 단어를 쫓는 받아쓰기와 유사한 상황에 빠지게 되어 큰 역효과를 낳는다. 초보자는 생각단위로 들을 줄 아는 단계로 빨리 올라가는 게 우선이고 필수다. 그러려면 아는 내용을 편안하게 들릴 때까지 들어서 다양한 특성을 가진 영어의 소리에 친숙해지는 것이 중요하다. 읽기도 마찬가지로 처음에는 이야기의 전체 흐름을 알고 읽고, 생각단위로 읽고, 같은 글을 여러 차례 읽는 것이 더 효과적이다.

## 6. 낭독할 때 주의할 것들

낭독에서 세부적으로 주의해야 할 것으로 첫째, 아이에게 책을 읽어줄 때 절대 손가락으로 단어를 하나하나 짚어가면서 읽지 않아야 한다. 이렇게 읽으면 자칫 모든 단어를 강세가 들어간, 영어 고유의 리듬과는 아주 거리가 먼 발음을 하게 된다. 그러면 아이도 부모를 따라 그렇게 읽고, 말할 때도 단어를 하나하나 또박또박 발화하는 습관이 생길 수 있다. 당연히 덩달아 귀도 단어를 쫓아가는 습관이 생긴다. 이런 습관들은 언어처리와 관련된 인지과학적 원리에 역행하는, 영어학습에 끔찍한 장애물이다. 만약 손가락을 사용한다면 최소한 생각단위 길이로 줄을 그어나가듯 하면서 읽어주면 된다. 덧붙여, 재밌게 스토리텔링을 하듯이 읽어주면 가장 좋은데, 만약 원어민의 스토리텔링 음원이 있다면 그것을 활용하는 것이 좋고, 직접 읽어준다면 스토리텔러처럼 내용에 맞춰 분위기를 살려 읽어주기 위한 노력을 보여주는 것이 좋다. 생각단위에 맞춰 리듬을 구사하면 큰 문제는 없다. 조금 어설프더라도 아이에게는 즐거운 시간이 될 수도 있다.

둘째, 속도에 유의해야 한다. 읽는 속도가 너무 빠르면 좋지 않다. 아이의 귀가 아직 영어의 소리에 익숙하지 않기 때문에 자칫 놓치는 소리가 많고, 이런 듣기가 길어지면 아이도 읽을 때 빠르게 읽으려 하고 그러면 발음이 부정확하게 된다. 또, 너무 일찍부터 아이에게 빠른 속도의 발음을 요구해서도 안 된다. 발성기관이 아직 영어 발음에 익숙하지 않기 때문에 소리를 빠트리거나 부정확한 발음을 하기 쉽다. 발성기관이 훈련이 되면 속도는 저절로 높아지기 때문에 조급해하지 말고 빠르지 않은 속도로 충분히 연습하는 것이 좋다.

셋째, 처음부터 교감이 없는 분위기에서 혼자 읽도록 강요하지 말아야 한다. 부모가 조급해서 밀어붙이면 급격히 흥미가 떨어져버린다. 좋은 분위기에서 충분히 보고 들어야 편하게 따라 읽거나 혼자서도 읽을 수 있다. 또, 모국어로 말을 잘하고 잘 알아듣는다고 해서 영어도 잘 알아듣고 따라할 수 있을 거라고 생각하면 안 된다. 위에서 말했듯, 뇌도 귀도 발성기관도 모두 영어의 소리에 익숙해지고 단련이 되는 데는 시간이 필요하다. 아이에 따라 빠르거나 늦거나 개인차가 있는 것이기 때문에 내 아이의 상태를 잘 살펴서 나아가야지 그저 밀어붙인다고 빨라지는 게 아니다. 아이의 마음이 불편하지 않도록 하면서 잘 독려하면 어느 순간 속도가 붙기 시작한다.

넷째, 아이가 따라하거나 혼자 읽을 때는 낱소리의 정확도보다는 자연스러운 리듬 구사에 더 주목하는 것이 좋다. 낱개 소리의 발음도 중요하지만 리듬을 잘 구사하는 것이 더 중요하기 때문이다. 리듬이 좋아지면 발음이 교정되는 효과도 따라온다. 예를 들어, 파열음이 stop에서처럼 s 뒤에서 된소리가 나고, apple에서처럼 강세와 유성음 사이에서도 된소리가 나는 것도 그냥 리듬만 잘 구사하면 저절로 그렇게 발음된다. 또, spring 같이 모음 앞에 두 개 이상의 자음이 오는 단어들을 자칫 2음절 súpring로 발음하는 오류도 영어의 리듬에 익숙해지면 자연스럽게 해결된다.

좋은 리듬의 시작은 단어의 강세를 잘 구사하는 것이다. 리듬은 문장차원의 언어처리 능력과 직결되어 있고, 잘 구사되지 않으면 아직 언어처리가 잘 안 되고 있다는 신호라고 봐야 한다. 생각단위의 리듬이 구사되면 비로소 언어가 정상적으로 처리되고 있다고 할 수 있다. 역으로, 리듬을 잘 구사하는 습관을 들여야 언어처리 능력 발달이 촉진된다. 따라서 아이가 읽을 때도 낱개의 발음에 너무 신경쓰지 말고 리듬에 더 신경을 쓰도록 유도할 필요가 있다.

한편, 아이가 영어식 리듬에 맞춰 읽는 것에 어색해하는 모습을 보일 수 있다. 그건 말할 때도 마찬가진데, 특히 학교나 학원에서 그런 태도가 형성되는 경우가 있다. 남들은 영어식 리듬과 악센트를 구사하지 않는데 자기만 하게 되면 튀게 되고, 그럼 친구들과 잘 어울리지 못하게 될지 모른다는 두려움에 소극적이게 될 수 있다. 그리고 그 영향이 집으로까지 이어질 수 있다. 그래서 교사의 역할이 매우 중요하다. 영어는 음악적인 톤이 있는 언어이기 때문에 리듬을 구사하지 않으면 의사소통이 잘 안 된다는 점을 잘 설명하고 모두가 눈치보지 않고 구사할 수 있는 분위기를 조성해주어야 한다.

다섯째, 단어를 읽을 때 하는 발음 실수를 그때그때 지적하고 고치려 하면 안 된다. 아이의 학습의욕 상실로 가는 지름길이다. 영어 발음법에 아직 익숙하지 않아 한동안 발음이 잘 안 되는 단어들이 있을 수 있다. 또, 철자패턴이 유사해서 헷갈리는 것들도 있다. 예를 들어, ear를 익힌 아이는 early를 'ear + ly'처럼 발음할 수 있다. 규칙을 강조하는 파닉스 지도에서 영향을 받을 수도 있다. 아이가 영어의 불규칙성에 익숙해지려면 시간이 필요하기 때문에 원어민의 음원을 들으며 따라읽기 등을 자주 하다보면 대개는 자연스럽게 교정이 된다. 만약 그 자리에서 교정을 시도한다면, "틀렸다"라는 말은 자제하고 낯설고 어려운 것들을 익혀야 하는 아이의 심정을 잘 배려해주면서 수정을 유도하는 것이 좋다.

어른 입장에서 아이의 오류를 접하면 꺼림칙하고 참고 건너가기가 쉽지는 않은 일이다. 하지만 자주 지적하면 아이의 거부감이 급상승한다는 것은 명백하기 때문에, 어른이 자제하고 어느 때 어느 오류에 어느 정도 관여할 것인지 잘 판단해야 한다. 너무 꾸짖거나 다그치면 역효과가 더 심하다. 평소에 아이와 자주 대화하고 놀면서 긍정적인 교감을 많이 할수록 관여 시점에 대한 판단력도 좋아지고 관여하기도 수월해진다. 아이와 하는 활동의 목표에 맞춰 목표달성과 관련이 있는 오류만 교정하는 것도 한 방법이다. 물론, 그러려면 먼저 활동의 목적과 초점을 명확하게 이해해야 한다.

여섯째, 언제나 문장차원의 낭독만 해야 하는 것은 아니다. 단어차원의 읽기와 쓰기도 할 수 있다. 단, 이때는 먼저 문장 읽기를 충분히 하고, 그 문장들이 머리에 살아있는 상태에서 하게 해야 효과가 좋다. 당연히 발음하기 어렵다거나 꼭 익혀야 할 단어들을 따로 연습할 수 있고, 때론 이게 파닉스 지식 습득에도 도움이 될 수 있다. 하지만 문장차원의 연습을 하기 전에 단어부터 하는 것은 상향식 방법으로, 언어처리능력을 단어차원으로 끌어내리는 위험성이 있다. 그래서 단어들이 사용된 문장을 아는 상태에서 읽기와 쓰기를 하는 것이 중요하다. 또, 단어 읽기 쓰기를 할 때에 최소대립쌍 같이 철자패턴이 같은 다른 단어들을 추가하면 파닉스 감각을 더 수월하게 익힐 수 있다. 그리고 이때는 정확성도 어느 정도 염두에 둔 활동이기 때문에 기를 죽이지 않는 선에서 오류수정에 관여해도 된다.

일곱째, 이건 교실수업이나 그와 유사한 상황에서 더 유념해야 하는 것인데, 낭독을 할 때는 글과 눈의 거리가 너무 멀면 안 된다. 멀리 떨어진 모니터나 칠판을 보고 따라하게 되면 문장이 그냥 하나의 덩어리로 눈에 들어오기 때문에 말소리와 그에 해당하는 문자가 매칭이 되면서 읽어지지 않는다. 따라서 인쇄물을 나누어줘서라도 텍스트와 눈의 거리를 책을 들고 읽는 정도의 거리에 맞추는 것이 좋다. 그러면 글을 읽을 때 눈이 소리에 맞춰 글을 따라가게 된다. 이렇게 하면 파닉스와 쓰기 학습에도 좋은 영향을 준다.

| 제3장 | 손쉽게 떼는 알파벳 |
|---|---|
| | : 생활 속 알파벳 활용 |

영어를 시작하는 아이들은 알파벳부터 빨리 떼야 한다. 그렇지 않으면 앞으로 나아가기가 쉽지 않다. 또, 초반에 남들과 잘 비교되는 것이 알파벳을 얼마나 알고 있느냐는 것이기 때문에 좌절하기도 쉽다. 영어를 힘들어하는 아이들은 공통적으로 읽기능력이 떨어진다. 읽기의 출발선은 알파벳이고, 알파벳을 모르는데 읽기를 지도할 수는 없다.

W를 제외한 모든 알파벳 이름에는 그것이 단어 속에서 발현되는 여러 가지 발음 중 하나의 음가를 꼭 지니고 있다. 예를 들어, A의 이름은 cake, face, sale 등에서도 나타난다. 또, G의 이름은 genius, genie의 첫소리와 같다. 따라서 알파벳은 읽기의 시작이 될 수 있으며, 영어를 시작하면 알파벳 먼저 빨리 떼게 해주어야 한다.

영어 알파벳이라는 게 어른들에게는 쉬워 보이겠지만 어린아이들에게는 결코 만만치 않다. 영어 알파벳은 소릿값에 맞춰 과학적으로 개발된 한국어 문자와는 달리 무작위 기호들의 집합이다. 게다가 대문자와 소문자 각각 26자, 합하여 52자나 되고 순서도 알아야 한다. 아이들이 쉽게 익힐 거라는 생각은 이미 다 알고 있는 어른들의 착각이다. 이 착각은 아이에게 26장의 알파벳 카드부터 들이밀고 암기하게 하는 '막무가내'로 이어진다.

## 1. 아이들은 알파벳을 이미 거의 다 알고 있다

영어 알파벳을 가르치는 것은 순전히 아이디어의 문제다. 필자가 구상한 가장 쉽고 효과적인 방법은 생활 속 알파벳을 활용하는 것이다. 우리 일상생활 속에는 많은 영어 알파벳이 노출되어 있다. 잘 관찰을 해보면, 아이들은 일체의 선행학습을 하지 않고 막 영어를 배우기 시작한다고 하더라도, 실생활을 통해서 이미 알파벳을 거의 다 알고 있을 수도 있다. 단지 자신들이 이미 알고 있다는 사실을 모르고, 어른은 어른대로 아이들이 이미 거의 다 알고 있다는 사실을 인지하지 못하고 있을 뿐일 가능성이 높다.

우리 일상생활 속에서 영어 스펠링으로 읽는 명칭들 중 아이들이 이미 알고 있거나, 쉽게 익숙해질 수 있을 만한 것들 일부만 제시해보면 아래와 같다.

- 방송국: KBS, MBC, SBS, EBS, M-net, OCN, tvN, 등
- 상호명: LG, SK, KT, E-Mart, CGV, GS25, C&U, 등
- 예능: BTS, IU, NCT드림, JYP, SM, YG, K-POP, 등
- 가전: TV, CCTV, MP3, 3D, 5G, (Q)LED, LTE, Z폴드, 등
- 컴퓨터: PC(방), iPad, USB, www, co.kr, QR코드, 등
- 과자류: ABC 초콜릿, M&M, ID껌, 등
- 식당: KFC, BBQ, BHC, TGIF, 등
- 교통: KTX, ITX, SRT, BMW, SM5, K-9, 등
- 기타: IQ, OK, OX, UCC, UFO, DMZ, OMG, 등

위의 생활 속 예만으로도 알파벳이 A에서 Z까지 다 나오는 걸 알 수 있다. 일반적으로 하는 지도는 아이들이 알파벳을 모르는 것을 전제로 알파벳 카드, 노래, 알파벳 춤 등을 이용하여 암기를 쉽게 할 수 있도록 도와주는 방식을 취한다. 즉, 암기 자체에 초점을 맞추고 있다. 하지만 생활 속 알파벳 활용은 아이들이 '이미 알고 있는 것'을 일깨워주는 방식 "어, 저거 내가 이미 알고 있는 거잖아!"이다. 다시 말해, 암기가 아니라 잠재의식 속에 이미 기억되어 있는 것을 의식세계로 끌어올려주는 방식이다. 따라서 기존의 방식보다 훨씬 더 쉽고 빠르게 알파벳을 익히게 할 수 있다. 일상의 경험 속에 있는 것이라 친밀감이 있어서 흥미유발에도 좋다. 이미지 카드를 만들어서 부모 또는 친구들과 가지고 놀기만 해도 자연스럽게 익혀진다.

필자가 알파벳 이미지 카드를 만드는 방법으로, 앞면에는 알파벳과 배경 이미지가 같이 있는 사진을, 뒷면에는 이미지 없이 알파벳만 나오게 하되 인쇄체 대소문자와 수기체인 **Comic Sans MS** 대소문자가 나오게 인쇄한다. 아래와 같이 첫 페이지에 두 개의 사진을, 그 다음 페이지에 알파벳 문자를 넣고 양면인쇄를 하여 코팅을 한 다음 반으로 자른다. 그럼 앞에는 사진이, 뒷면에는 알파벳이 나오는 카드가 된다. 카드들은 윗부분에 펀치로 구멍을 뚫고 서류고리를 끼워 묶는다.

〈앞면〉

PC    PC
pc    pc

00/00

CCTV    CCTV
cctv    cctv

00/00

〈뒷면〉

알파벳 카드묶음을 활용한 지도가 얼핏 단순하고 쉬워 보이지만, 그래도 대소문자까지 구별을 잘하게 되기까지는 나름 체계적이고 세밀한 진행이 필요하다. 먼저 유념할 것은, 아이들이 알파벳으로 된 명칭들을 배경과 함께 하나의 이미지로 기억하는 것일 뿐, 개별 알파벳 문자 자체를 알고 있는 것은 아닐 수 있다는 점이다. 따라서 처음에는 알파벳이 포함된 이미지앞면 속의 알파벳에 주목하며 익히고, 그런 다음 이미지가 제거된 알파벳뒷면으로 나아가는 절차를 밟아야 한다.

집에서는 부모가 같이 이야기를 주고받으며 지도를 해주면 된다. 엄숙하게 공부시키듯 하지 말고 함께 재밌는 놀이를 한다는 기분으로 하는 것이 좋다. 먼저 그림을 보고 뭔지 맞혀보게 하고, 다음에는 그림 속 알파벳을 가리키며 발음과 함께 가르친다발음에 자신이 없으면 인터넷의 음원을 사용. 인터넷 검색도 활용하여 연관 그림들도 같이 찾아보면 재미도 있고, 다양한 글자체와 대소문자를 같이 접하게 될 수도 있어 좋다. 그림으로 어느 정도 익혔다 생각되면 카드 뒷면의 알파벳만 가지고 읽어보게 한다. 카드묶음 마지막 카드까지 끝나면 이제 알파벳을 무작위로 읽어보게 할 수 있다.

교실 상황에서라면, 시종일관 교사주도로 이어가기보다는 처음 몇 개만 같이 하고, 카드묶음을 모둠별로 나누어주고 아이들끼리 가지고 놀게 하는 것이 더 효과적이다. 인터넷 검색도 할 수 있게 하면 자기들끼리 검색해보면서 더 재미있게 관련된 이야기를 주고

받으며 알아가게 되는 효과가 있다. 초등학교 3학년 수업이고, 대부분 학생들이 알파벳을 잘 모르는 상황을 가정하면, 교과서 첫 단원은 인사말을 나누는 내용이므로 그냥 수업 서두에 인사를 나누는 루틴으로 돌리고, 알파벳 지도로 활용하면 좋다. 길게 잡아도 한 단원 네 차시로 충분히 익힐 수 있다.

대소문자 지도에서는 흔히 26장의 알파벳 카드를 사용하는데, 그러면 아이들이 대문자와 소문자의 시각적 유사성을 잘 알아차리지 못하기도 하고, 자신이 26자 중 어느 글자들을 헷갈려하는지도 잘 모른다. 아래처럼 알파벳 전체를 한꺼번에 볼 수 있는 대조표를 놓고 글자 모양을 관찰해야 아이들이 전체적인 대소문자 이미지 패턴도 알 수 있고 헷갈리는 것도 쉽게 가려낼 수가 있다.

〈대문자-소문자 대조표〉

| A | B | C | D | E | F | G | H | I | J | K | L | M | N | O | P | Q | R | S | T | U | V | W | X | Y | Z |
|---|---|---|---|---|---|---|---|---|---|---|---|---|---|---|---|---|---|---|---|---|---|---|---|---|---|
| a | b | c | d | e | f | g | h | i | j | k | l | m | n | o | p | q | r | s | t | u | v | w | x | y | z |
| A | B | C | D | E | F | G | H | I | J | K | L | M | N | O | P | Q | R | S | T | U | V | W | X | Y | Z |
| a | b | c | d | e | f | g | h | i | j | k | l | m | n | o | p | q | r | s | t | u | v | w | x | y | z |

소문자는 대부분 대문자가 축소된 형태를 띠고 있어서, 대조표를 살펴보면서 헷갈리는 것만 찾아보게 하면 대개는 4개 안팎으로 추려진다. 원래 대문자와 소문자가 동시에 발명된 것이 아니고, 아주 오랜 세월에 거쳐 대문자의 디자인이 변화하면서 생겨난 것이 소문자다. 그래서 잘 살펴보면 대문자로부터 소문자가 생겨나는 과정을

어느 정도 상상할 수 있다.[1] 아래는 소문자 중 a, g, q, r이 대문자에서 소문자로 변하는 과정을 단순하게 정리해본 것이다.

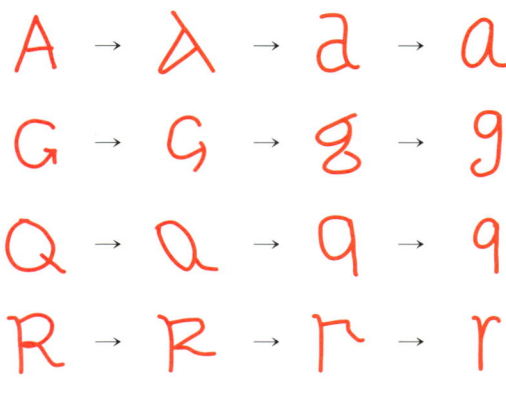

〈대문자 → 소문자 변화 과정〉

이런 상상을 바탕으로, 대조표를 살펴본 다음에는 플레이도우 playdough를 사용하여 대문자를 먼저 만든 다음, 그 대문자를 변형시켜 소문자를 만들어보는 활동을 해보길 권한다. 대문자와 소문자를 따로 만드는 것이 아니라, 대문자를 소문자로 변형시키는, 수백 년의 알파벳 역사를 손으로 직접 만지고 느껴보는 활동이다. 이 활동은 b와 d, p와 q를 헷갈려하고, N을 'И'으로 쓰는 아이들에게도 도움이 된다. 대학원 수업 중에 이 활동을 권한 적이 있는데, "애들이 어려서 할 수 있을까요?"라며 미심쩍어하던 한 교사가 실제 수업

---

[1] 알파벳의 소문자 발전에 대해서는 <Wikipedia>, 'History of the Latin script'의 Middle Ages 부분에 제시된 사진을 참고하기 바람.

에서 해보고 와서는 생각보다 애들이 잘 하더라고 말한 적이 있다. 어른들은 어린아이들의 잠재력을 과소평가하는 경향이 있다. 지도방법만 좋으면 아이들도 잘할 수 있다.

## 2. 알파벳 쓰기는 미술시간처럼

알파벳을 읽을 줄 알면 손으로 직접 써보게 하는 것이 좋은데, 초기 쓰기 활동은 기본적으로 미술이나 노작활동 시간처럼 하는 것이 재미도 있고 효과도 좋다. 시종일관 재미가 있어야 하는 것은 아니지만, 먼저 재미가 있어야 능동적으로 참여하고, 능동적으로 참여해야 성취감을 빨리 맛볼 수 있게 된다. 그래야 다음부터는 재미가 좀 덜해도 할 수 있다.

처음부터 사선지에 정확하게 쓰는 것에 너무 집착하지 말기 바란다. 자칫 싫증을 내기 쉽다. 어른이 처음부터 완벽하게 하길 원하면 아이는 그만큼 재미를 잃어간다. 또, 절대 글씨를 "예쁘게 써라"라고 하지 말고 "크게 써라"라고 해야 한다. 이건 단지 영어에만 해당되는 얘기가 아니다. 크게 써서 선이 길고 네모와 동그라미가 크면 스스로가 글씨가 예쁜지 미운지 인지하게 되고 글씨도 점점 예뻐질 수 있다. 더불어서 뇌와 신체를 다루는 능력 physical coordination 발달에도 좋다.

워드아트 word art 활동을 해보는 것도 좋다. 글자로 여러 가지 형상을 만들어보는 활동으로, 워드아트를 하게 되면 아이들이 알파벳 글자를 훨씬 더 꼼꼼히 살펴보게 된다. 무엇보다 공부가 아닌 예술놀이를 하기 때문에 사선지에 쓰는 것보다 재미있어 할 것이다. 인터넷에서 'word art'로 이미지를 검색하면 재밌는 이미지들이 많이 나온다. 또, 'word art generator'를 검색하면 무료로 디자인 샘플을 가지고 직접 만들어볼 수 있는 사이트도 나온다. 나아가, 알파벳뿐만 아니라 문장쓰기를 할 때에도 딱딱한 분위기에서 하기보다는 워드아트로 하고 발표도 하게 해보면 아이들이 훨씬 재미있어 할 것이고 학습효과도 증대될 것이다.

끝으로, 단어 철자 spelling 와 관련하여 한 가지 덧붙이고자 한다. 미국을 예로 들면, 중학교에 올라가기 전 초등 K6 까지는 글쓰기를 많이 시키긴 하지만 단어 철자교정은 자제한다. 이 시기는 아동발달과 언어습득의 관점에서 철자의 정확성이 중요한 시기가 아니다. 영어의 매우 불규칙한 철자-소리 관계를 감안할 때, 이 기간에 철자의 정확성을 강조하면 아이들이 학습에 흥미를 잃고 언어습득에도 악영향을 끼친다.

물론, 파닉스 지도 시간은 글쓰기 시간과 성격이 다르다. 하지만 이때에도 읽기와 듣기를 위한 철자-소리 관계에 초점을 맞추지 쓰기를 위한 철자의 정확성에 초점을 맞추지 않는다. 예를 들어, 흔히 아이들은 feel과 make를 흔히 fel과 mak로 쓴다. 이것은 알파벳 E

와 A의 이름을 철자에 그대로 적용한 것으로, 소리를 정확하게 인지하고 있기 때문에 정확성을 향해 잘 나아가고 있다고 보고 긍정적으로 평가한다.

하물며 원어민 아이들도 초등까지 철자교정을 자제하는데, 우리나라에서 외국어인 영어를 시작하는 어린아이들에게 철자의 정확성을 처음부터 강조하는 것은 바람직하지 않다. 학습동기의 싹을 잘라버릴 수 있다. 부모도 이 점을 잘 인식하고, 학교나 학원에서 어린아이들에게 처음부터 정확한 철자를 강조하는 것을 좋아라 하면 안 된다. 낭독을 통해 철자법에 감이 잡히면 저절로 좋아진다. 그때까지는 재미있는 쓰기활동을 통해 익히는 것이 오히려 철자를 정확하게 익힐 가능성이 더 높다.

# Highlights

- 영어를 파닉스로 시작하는 것은 학습효과가 크지 않고 오히려 부작용이 많다.
- 영어 파닉스는 본질적으로 말을 할 줄 안다는 것이 전제된 지도법으로, 모국어 학습자를 위한 것이지 외국어 학습자를 위한 것이 아니다.
- 철자-소리 관계가 너무 불규칙해서 역설적으로 규칙을 가르치는 이유를 잘 이해해야 한다.
- 철자-소리 관계를 일대일 대응으로, '규칙'으로 가르치면 수많은 예외 때문에 아이들은 혼란에 빠진다.
- 발음지도의 최소대립쌍 활동 방식을 도입하면 파닉스와 발음을 동시에 효과적으로 지도할 수 있다.
- 모국어인 한국어 소리 습득방식을 최대한 이용하면 영어 음소인식 능력을 쉽고 부작용 없이 익혀지게 할 수 있다.
- 글을 가까이 보며 큰 소리로 읽는 낭독을 많이 하고 파닉스는 보조적으로 하는 것이 좋다.
- 능동적인 낭독을 많이 하면 파닉스뿐만 아니라 고차원의 소리법칙, 듣말읽쓰 능력, 나아가 문법감각까지 익혀진다.
- 스토리 선택과 읽기는 아이의 관점에서 최대한 배려하며 해야 한다.
- 알파벳은 신속히 떼게 해주어야 하며, 생활 속 알파벳을 활용하면 단기간에 쉽게 뗄 수 있다.

Part 4

아이와 부모가
함께 성공하는
영어교육을 위하여

| 제1장 | **어린이 영어는<br>'공부'가 망친다** |

  지금까지 영어권 환경과는 다른 특성을 가진 우리나라의 환경에서는 어린이들이 영어를 시작하면서 왜 단어가 아닌 생각의 단위로 익혀야 하는지, 왜 문법지식이 아닌 문법감각을 길러야 하는지, 왜 낭독을 많이 하고 파닉스는 보조적으로 해야 하는지 설명해보았다. 그리고 어린아이들에게 요구하는 고등사고력을 최소화하면서 효과적으로 학습할 수 있는 방법들을 제시해보았다.

  이야기에서 전체적으로 관통하고 있는 핵심은 두 가지였다. 첫째는, 영어권 환경과 우리나라 환경은 너무 다르다는 것이다. 영어 노출량과 학습동기에서 아주 큰 차이가 나고, 언어 자체도 많이 다르고 그에 따라 습득 방식에서도 차이가 난다. 무엇보다도, 말을 할 줄 알면서 하는 영어권의 하향식 학습법이 우리나라로 들어오면 상향식 학습법으로 뒤바뀌어 버린다. 따라서 영어권 지도방식을 그냥 모방하기보다는 우리만의 지도방식이 있어야 어린 학습자들이 덜 힘들면서 효과는 더 좋은 결과를 거둘 수 있다.

둘째는, 영어교육은 인지심리학과 아동심리학의 결합이라는 것이다. 인지심리학은 주로 우리 뇌 안에서 언어습득이 어떻게 이루어지는지, 따라서 어떻게 영어를 지도하고 학습해야 언어처리 능력이 효과적으로 길러지는지에 대한 정보를 제공해준다. 발달심리학이라고도 부르는 아동심리학은 신체적으로나 사고력에 있어서나 아직 충분히 발달하지 않은 어린아이들에게 어떻게 하면 과도한 분석적 사고를 요구하지 않고, 정서적으로 안정되게 하고, 영어에 흥미를 갖게 하고, 그 흥미를 유지하게 할 것인가에 대해서 알려준다. 따라서 인지심리학과 아동심리학 이 둘은 동전의 양면처럼 항상 같이해야 하고, 어느 하나를 소홀히 하면 기대하는 효과를 거둘 수가 없다. 좋은 학습법이 있어도 아이가 불안해하고 싫다고 거부하면 난감하다. 반대로 아이가 영어에 관심을 보이지만 학습법과 지도법이 잘못되면 기대하는 만큼의 효과를 거두지 못하고 자칫 여러 부작용을 일으킬 수 있다.

결국, 앞에서 다룬 단어, 문법, 파닉스 세 가지 학습에 대한 이야기는 아이들에게 영어학습을 시키기 전에 알아야 할, 우리나라 환경에 보다 적합하고, 인지심리학적인 면과 아동심리학적인 면을 같이 고려한, 효과적인 지도 및 학습 방안이 무엇인가에 대한 이야기라고 할 수 있다.

이번에는 영어 지도법이나 학습법은 아니지만, 여기에 미치는 영향이 작지 않은, 때로는 매우 직접적이고 결정적인 영향을 끼치는 요인들에 대해서 이야기해 보고자 한다. 핵심은 영어를 가르치고 배우게 하는 일을 영어교육의 관점에서만 접근하기보다는 그냥 '교육'이라는 큰 틀에서 접근하라는 것이다. 영어교육의 관점에서만 생각하면 자칫 아이의 마음과 부모와의 관계를 놓칠 수 있다. 교육의 관점에서 영어교육에 접근한다는 것은 아이를 존중하고 지지해 주며, 영어에 대한 스트레스를 줄여주고 흥미를 키워주어, 아이가 능동적으로 학습을 하게 해줄 방법을 찾는다는 뜻이다. 아이의 입장을 배려한 존중과 부모와의 좋은 관계형성을 위한 상호작용 방법을 알면, 영어교육의 관점에서만 접근했을 때 나타날 수 있는 스트레스와 부작용을 최소화하면서 아이와 부모가 함께 성공하는 영어학습이 가능하다.

### 1. 꿈을 키워주면 스스로 한다

앞에서 영어권의 환경과 비교하면서, 우리나라에서는 아이들이 영어를 배울 때 그 필요성을 알지 못한 채 배우게 된다고 하였다. 언어적으로도 많이 다르지만 환경 측면에서도 영어가 절박하게 느껴지게 할 만한 것이 없고, 있다 하더라도 필요성을 깨닫기에는 너무 어린 나이다. 하지만 꿈이 있다면 달라질 수 있다. 만약 아이에게 어떤 것이 되었든 꿈이 있고, 그 꿈을 이루기 위해서는 영어가 필요하다는 것을 깨닫는다면, 영어에 대한 생각이 보다 긍정적이게 되고 나아가 스스로 적극적인 학습을 하게 된다. 그런 사례는 주위에 생각보다 많다. 어떤 유명한 가수는 어려서부터 일본 노래를 너무 좋아하더니 스스로 일본어 공부를 열심히 해서 실제로 일본에 진출을 하고 그곳에서도 유명해졌다. 어떤 아이는 비행기 조종사가 되는 꿈을 갖고 준비를 하다 보니, 상대편 관제탑과 영어로 교신을 해야만 한다는 것을 알고 영어를 열심히 해서 잘하게 되기도 했다. 우주의 별들에 관심이 많아져 스스로 영어를 하게 된 아이들도 있다. 자신의 꿈을 이루는 데 필요하다고 느끼면 스스로 하게 되어있다.

만약 아이가 커서 뭐가 되겠다고 말하면 그게 무엇이든 일단 그 꿈을 키워주는 게 좋다. 지금은 인터넷과 소셜미디어 등이 발달해 있어서 세계 어느 나라의 사람들과도 쉽게 소통을 할 수 있기 때문에, 이에 흥미를 갖게 도와주면 아이는 영어에도 관심을 갖게 되고 자신의 꿈도 더 크게 키울 수 있다. 어느 교사에게서 자기는 축구를 할 거라고, 영어 싫다고, 영어 안 해도 된다고 말한 아이가 있었다고 들은 적 있다. 이런 아이에게는 당연히 축구의 꿈을 먼저 키워줘야 한다. 축구에 관심이 있으면 박지성, 손흥민 등 해외로 진출하여 월드클래스 선수가 된 사람들에 대해서 흥미를 가질 것이다. 그런 선수들이 언어 장벽을 어떻게 해결했는지 관심을 가지도록 유도해볼 수 있다. 나아가 소셜미디어를 통해 축구를 좋아하는 외국인들, 심지어는 유명 선수들과도 교류를 할 수 있음을 알게 할 수도 있다. 당연히 영어가 주 소통수단이다. 그 사람들이 어떻게 축구를 잘하게 되었는지 관심을 갖는 것만으로도 꿈이 키워질 수 있다. 만약 실제로 유명 선수와 교류하는 기회가 생긴다면 영어학습 동기는 폭발할 것이다.

다만, 부모가 이러한 것들에 대해 말로 설명해주는 것만으로 아이가 영어의 필요성을 느끼는 것은 아니다. 설명만 하거나 설교하듯 하기보다는 관심사에 교감해주면서 아이의 눈높이에 맞춰 관련된 경험과 관찰의 기회를 가지도록 도와주는 방식이 좋다. 아이의 입장에서 설교는 강요로 받아들여질 가능성이 높기 때문이다. 그래서 아이의 입장에서 접근하는 연습이 필요하다. 서점이나 도서관에 데려가서 관련 책이나 자료를 같이 찾아볼 수도 있다. 하지만 부모가 딱 정해서 이거 보라고 일방적으로 밀어붙이면, 내용이 아무리 좋더라도 아이는 마음속에서 거부반응을 보일 가능성이 높다. 적당한 선에서 소개하고 설명은 할 수 있지만 선택은 아이가 하게 하는 것이 좋다. 물론, 아이가 부모의 추천을 거절하고 자신이 선택하였지만 결과적으로 실패할 수 있다. 그렇다 하더라도 "거 봐라 내가 아니라고 했지!", "내 말 안 듣더니 거 봐라!" 하는 식의 대응을 하면 아이는 부모와 더욱더 멀어진다. 아이의 실패경험을 긍정적으로 받아들이고 이해해줌으로써 부모가 자기 말에 귀기울여주고 자기와 소통이 잘 된다는 믿음이 강해지면, 부모가 생각하기에 꼭 필요한 것인데 아이가 별로 하고 싶어하지 않는 것도 어느 정도는 큰 거부반응 없이 할 수 있게 된다. 부모에 대한 아이의 믿음이 크면 클수록 부모가 원하는 것을 긍정적으로 수용하는 마음도 커진다.

 사실 어린 나이에 먼 장래의 꿈을 구체적으로 떠올리는 것이 쉽지는 않다. 꿈을 갖는다 하더라도 성장기의 어린이들은 꿈이 수시로 바뀔 수 있다. 그것은 매우 자연스러운 일이다. 따라서 그것을 변덕이라고 여길 게 아니라 그때마다 순순히 공감해주고 대화와 도움 제공을 통해 키워주면 된다. 필요하다면 다른 종류의 꿈에 대해서도 살펴볼 수 있는 기회를 제공할 수도 있다. 어린아이들은 원래 호기심이 많다. 그래서 아이에게 세상의 다양한 삶에 대해 호기심을 보일 수 있는 기회를 많이 마련해주는 것이 좋다. 그럴 기회가 많아져야 상상력도 좋아지고 꿈도 생겨날 수 있다. 또한, 아이가 어떤 것에 관심을 보이고 제법 소질을 보이더라도 함부로 '올인'해서는 안 되고 더 지켜봐야 한다. 성장기에는 어느 순간 다른 쪽에서 더 나은 소질을 보일지도 모르기 때문이다.

 책을 많이 읽는 것은 다양한 문화와 시각을 접하는 매우 좋은 방법이다. 동영상과 달리 독서는 문해력과 사고력을 높이기 때문에 삶의 모든 면에서 기본적인 토대가 된다. 학습 측면을 봐도 다독은 영어뿐만 아니라 사실상 모든 교과 학습에 매우 긍정적인 영향을 준다. 책을 많이 읽는다는 아이치고 공부 못하는 아이는 없다. 그런 아이는 스스로 꿈을 갖게 되고 부모가 꿈을 키워주기도 수월하다. 부모와 대화를 나눌 준비도 되어있다.

## 2. 어릴 때 영어를 시작할수록 빨리 배운다?

'결정적시기가설Critical Period Hypothesis'이라는 것이 있다. 아이가 태어나서 최소 13세, 최대 16세 이전까지 언어입력이 충분히 제공되지 않으면 평생 정상인 수준의 언어습득을 못할 수 있다는 이론이다. 사실 'critical'은 '결정적'보다는 '치명적'이라는 뜻으로 해석해야 의미가 분명해진다. 이 기간을 넘기면 습득이 느려지는 게 아니라 정상적인 언어습득 능력을 잃게 되어 평생 말을 잘 못하게 되기 때문이다. 반면에, 입력만 충분하다면 이 기간에는 이후와 달리 언어습득이 매우 빠르다. 어린이들은 '암시적 학습기제implicit learning mechanism'라고 해서, 분석능력은 없지만 잠재의식에서 스펀지가 물을 빨아들이듯 쉽게 흡수하는 능력이 있기 때문이다. 마치 모국어를 습득할 때와 같은 기제가 작동하는 것이다. 이 시기가 지나고 나서 유창하게 언어를 구사하려 한다면 '명시적 학습기제explicit learning mechanism' 즉, 분석적 사고력과 많은 의식적인 노력이 따라야 한다.

결정적시기가설은 흔히 단순하게 언어는 어릴 때 배울수록 쉽게 배운다는 이론 정도로 알려져 있다. 실제로 일부 전문가라는 사람들과 사교육 관계자들이 이 점을 부각시켜 영어 조기교육을 강조하고 아이를 빨리 사교육에 보내도록 종용한다. 하지만 오해의 소지가 커 매우 조심해야 하는 이론이다. 어떤 이론이든지 전제조건이 있기 마련이고, 그것이 무엇인지 모르면 자칫 오판을 하거나 기만을 당할 수 있다. 그런데 대개의 이론이 세심하게 살피지 않으면 전제가 잘 드러나지 않는다. 업계에서는 일부러 왜곡하거나 알려주지 않기도 한다.

결정적시기가설이 성립하려면 아주 많은 양의 질 좋은 언어입력이 전제되어야 한다. 영어권 수준에 상당히 근접한 환경에서 성립할 수 있는 이론이다. 우리나라의 학교와 학원에서 하는 영어 학습량 정도로는 가설이 성립하지 않는다는 말이다. 아이가 영어에 대한 절박함도 없고, 기껏해야 일주일에 두세 번 징검다리식으로 수업을 하는 정도의 입력 양인데, 아이를 너무 일찍 아무 곳에나 보내게 되면 자칫 학습효과는 미미하고 아이만 심한 스트레스를 받게 되어 부작용을 낳을 뿐이다.

### 3. 공부시키는 곳 말고 영어와 재밌게 노는 곳에 보내라

영어를 어려서부터 시키지 말라는 게 아니다. 고등사고력이 있어야 할 수 있는 '공부를 시키는 곳'이 아니라 재밌게 '영어와 노는 곳'에 보내라는 말이다. 공부에는 분석적 사고력이 필요하지만 놀며 익히면 잠재의식이 작동하여 더 쉽고 효과적으로 익혀진다. 결정적시기가설이 많은 양의 언어입력이 전제된다고는 하지만 그렇다고 우리나라에서 완전히 무의미한 것은 아니다. 잠재적으로는 어린이의 언어학습 능력이 그대로 있다. 다만 충분한 언어입력 제공과 강한 학습동기 부여가 어렵기 때문에 암시적 학습기제가 작동을 잘 못하는 것이다. 또, 그런 상황인데도 공부를 많이 시키는 곳에 보내니까 잠재력 발휘가 더욱더 안 되는 것이다.

재미있게 놀면서 영어를 익히는 곳으로 보내는 것은 우리나라 환경에서 아이들의 잠재적 언어습득 능력이 발휘될 수 있게 하는 현실적인 대안이다. 다양한 놀이를 통해서 영어를 익히는 것이 어린이들에게는 훨씬 효과적일 뿐만 아니라, 전체적으로 재미가 있다면 보조적으로 약간의 공부를 가미해도 아이들이 받아들인다. 따라서 공부방이 되었든 학원이 되었든 아이들이 거기 가면 재밌다고 하는 곳을 우선적으로 고려해야 한다. 그리고 환경과 지도법이 좋다고 해서 보냈지만 아이가 불과 하루 이틀 만에 너무 싫다고 한다면, 그 이유를 들어보고 웬만하면 이미 지불한 비싼 비용을 과감하게 포기하고 바꿔주는 용기도 필요하다.

사실, 1997년 우리나라 초등학교에 영어교과가 도입되고, 영어광풍이 불던 시기에는 영어교육에 진심인 사교육 업체가 많았다.

지금보다는 순수하게 어떻게 하면 어린이들에게 영어를 재밌으면서 효과가 잘 나도록 가르칠 수 있을까 고민들을 많이 했던 것 같다. 그러다 보니 주변에 원어민과 재밌게 노는 학원들도 꽤 많았었다. 하지만 지금은 잘 찾아보기 힘들 정도로 줄었다. 이유는 단순하다. 돈벌이가 안 되었기 때문이다.

이렇게 된 데는 부모들에게도 책임이 전혀 없는 것은 아니다. 사교육은 이익을 남겨야 한다. 수요가 없어지면 당연히 공급도 없어지는 것이다. 그런데 부정확한 이론과 홍보 혹은 소위 '옆집 아줌마' 이야기를 듣고, "다른 학원은 단어를 몇 십 개씩 외우게 하는데 이 학원은 놀리기만 한다"라며 안 보내게 되니 어쩔 수 없이 폐업을 하거나 빡세게 공부시키는 쪽으로 전환을 한 것이다. 다시 재밌게 놀면서 영어를 익히는 곳을 부활시키려면 수요가 늘어야 한다. 그러려면 그런 곳을 원하는 부모가 많아져야 한다. 주변에 잘 찾아보면 공부방 규모로라도 아직은 그런 곳이 조금은 있는 것으로 알고 있다. 큰 학원이 무조건 좋은 건 아니다. 또, SNS 등 손쉬운 매체가 많아진 요즘은 부모가 직접 좋은 곳이 생겨나도록 수요를 만들어낼 수도 있다. 제발, 단어 많이 안 외우고 재밌게 노는 곳에 보내면 영어는 안 하고 놀기만 한다는 생각은 버리시라. 어렸을 때 영어를 재미있게 가르치는 곳에 가게 되어 영어를 좋아하게 되었다는 사람이 주변에 수없이 많다. 지금처럼 선택의 폭이 넓어진 시대에 영어가 싫어지고 무서워지면 아이가 선택할 수 있는 꿈도 그만큼 줄어든다.

　물론, 재밌게 놀면서 배운다고 다 효과가 있는 것은 아니다. 인지과학적으로 효과적인 방법을 사용하지 않으면 생각만큼 결과가 나오지 않는다. 예를 들어, 영어를 가르치는 유치원에 다니는 아이가 어느 날 "엄마, 저기 fish 있다, fish!"라고 한마디 하면 엄마는 좋아서 까무러치는데, 그 비싼 비용을 들이고 겨우 단어 몇 개 알게 된 것에 그런 반응을 보이는 게 사실은 좀 안타깝다. 아이가 영어를 잘 익히고 있는지 아닌지 판단할 수 있는 방법도 알아야 한다.

　아이가 잘 배우고 있는지 확인하는 가장 간단한 방법은 문장을 익히고 있는지 확인하는 것이다. 다닌 지가 좀 되었는데 입에서 단어만 나오면 잘못 가르치고 있다고 보면 된다. 말을 가르치려면 문장을 가르쳐야 하고, 그래야 단어들을 조합해서 문장을 만드는 데 필요한 구조와 문법감각을 익힌다. 재밌는 놀이로 가르친다고는 하지만 단어를 집중적으로 익히는 어휘 활동 위주로 가르치거나, 문장을 가르친다고는 하지만 실상은 아이들이 단어에 주목할 수밖에 없도록 설계된 활동이라면 문장이 거의 익혀지지 않는다. 문장이 잘 익혀지게 하는 곳, 어휘학습을 하더라도 청크단위로 하는 곳에 보내야 하고, 또 그렇게 가르치도록 요구해야 한다. 요구하는 사람이 많아지면 그렇게 가르치는 사람도 생겨난다.

### 4. 재미있을 때 감이 잘 익혀진다

    이 책 처음부터 꽤 자주 사용해 온 말이 '잠재의식', '감각', '감'이라는 말이다. 감각은 주로 잠재의식이 작동하여 생겨나고 길러진다. 일상생활에서 우리는 간단히 '감'이라는 말을 더 자주 사용한다. 사실 살면서 어떤 기능<sup>skill</sup>을 익힐 때, 중요한 것은 관련된 지식보다는 직접 해보면서 익히는 감이다. 지식이 불필요한 것은 아니지만 지식만으로 기능이 익혀지지는 않는다. 직접 해보면서 잠재의식을 통해 감이 잡혀야 관련 지식도 더 잘 이해가 된다. 앞서 자전거 타기와 관련해서 얘기했지만, 자전거는 몸으로 감을 잡아야 타지는 거지 물리학 지식을 터득한다고 타지는 게 아니다. 우리 자신의 경험을 돌이켜보면 안다. 그것이 무엇이 되었든 '기능' 혹은 기술이라고 부를 수 있는 것은 이론적으로 공부를 아무리 많이 했다고 해도 처음 실행하는 순간부터 잘 되는 경우는 거의 없다는 것을. 직접 해봐야 감이 잡히고 배운 지식이 어떤 내용인지도 보다 명확하게 이해하게 된다.

    영어교육은 듣고, 말하고, 읽고, 쓰는 능력, 즉 네 가지 기능<sup>four skills</sup>을 길러주는 일이다. 이 역시 기능들이기 때문에 지식보다는 감을 잡는 게 중요하고 우선이다. 물론 이 네 기능을 뒷받침하는 게 문법이다. 각각의 기능이 나무라면 문법은 그것들이 심겨있는 토양이다. 그만큼 문법도 역시 지식으로보다는 감으로 익혀야 네 기능의 발달이 더 빠르게 이루어진다. 문법지식은 그 자체로 문장생성감각은 아니다. 지식은 상당 기간 그냥 지식으로 머물지만 문법감각은 그 자체가 문장생성감각이고 네 기능을 곧바로 발휘하게 해준다. 기본적인 문법감각이 생기고 나면 문법을 지식으로 습득하기도 더 수월해진다. 소리문법의 일부라고 할 수 있는 파닉스도 마찬가지로 감으로 익혀야 덜 헷갈리고 시행착오가 적다. 단어 암기도 좋은 문장생성감각이 받쳐줄 때 날개를 단다.

다른 한편, 감이라고 하는 것은 하기 싫은데 억지로 하면 잘 생겨나지 않는다. 내가 진짜 하고 싶은 것은 따로 있는데, 이건 익혀서 뭐에다 쓸 건지, 꼭 필요한 건지도 잘 모르겠는데, 발음도 까다로운 낯선 단어들을 자꾸 많이 외우라는데, 그렇다고 영어 하나만 하라는 것도 아니고 온갖 거 다 하라는데, 자기들은 나만할 때 얼마나 열심히 했는지 모르겠지만 억지로 하라고 하니 재미없고 힘들어 죽겠는데…, 이 상황에서 어떻게 감이 잘 잡히겠는가? 당연히 안 잡힌다. 잠재의식이 작동을 해서 패턴과 원리를 파악해야 하는데, 아이의 마음이 이렇게 부정적인 상태에서 잠재의식이 제대로 작동할리 없다. 재미가 있어야 할 맛도 나고 잠재의식도 능동적으로 작동하여 감도 빨리 잡는다.

### 5. 잘못된 정성이 아이의 흥미를 죽인다

어느 날 아이가 가르쳐준 적도 없는데 어떻게 알았는지 "엄마, 이거 A, 이거 B, 이건 C, ……"라고 해서 깜짝 놀래켰을 때 여러분 같으면 어떤 반응을 보일까? 너무 좋아서 벌떡 일어나 문구점으로 달려가 알파벳카드 뭉치를 사들고 와서 "너 이리 앉아봐. (카드를 한 장씩 꺼내 보이며) 이거 뭐야?, 이건 뭐야?, 이건 뭐야? …" 이러진 않을까?

제발 아니길 바란다. 만약 이렇게 한다면 처음에는 대답을 좀 할는지 몰라도 얼마 되지도 않아 아이는 입을 닫아버리고 말 것이다. 아이는 엄마가 자기와 놀아주는 건지 공부를 시키는 건지 본능으로 금방 알아차린다. 너무 직설적으로 가르치거나 공부를 시키려 하지 말고, 아이와 교감하며 상호작용을 하는 것이 좋다. "와! 우리 ○○이가 어떻게 이런 걸 다 알았을까? 또 아는 거 있어? 엄마는 이것도 아는데 ○○이도 알아?" 이런 식의 대화를 나눌 수도 있다. 집안에 있는 물건들에 쓰인 영어 속 알파벳 찾기를 놀이화할 수도 있다. 중요한 것은 공부느낌을 주지 않고 즐겁게 교감하고 상호작용 하는 것이다. 또, 유치원이든 학교든 아이가 배워온 영어 표현을 부모 앞에서 자랑삼아 사용했을 때는 "와~! 우리 ○○ 영어 잘한다~~!" 끝? 이렇게 짧은 칭찬으로만 그치지 말고, 어떻게든 교감하고 상호작용해야 아이에게 내적 동기를 불러일으키고 키워줄 수 있다. 부모가 영어를 할 줄 알면 영어로 한두 마디라도 말을 주고받을 수도 있다. 영어를 못하면 "엄마한테 가르쳐줄 수 있어? 엄마가 따라 해볼게. 담에 새로운 말 배우면 또 엄마 가르쳐줄 거지?" 이런 식으로 아이의 기분을 띄워줄 수도 있다.

　아이가 뭘 잘하는 모습을 보인다고 흥분해서 서둘러 지나치게 개입하기보다는 조금 떨어져서 관찰하고 아이의 호기심을 유도하는 방법을 찾는 것이 좋다. 위의 예처럼, 아이가 알파벳을 좀 아는 것 같으면 알파벳카드를 아이의 동선에 던져놓고 호기심을 유도하는 게 낫다. "엄마, 이거 뭐야?" 그러면 "응, 오다 사왔는데, 그냥 니가 살펴보고 알아서 해." 하는 식으로 다소 무관심한 듯 하는 것도 좋다. 그냥 무관심은 안 좋을 수 있지만, 애정을 갖고 살피지만 개입은 최소화하는 '선한 무관심'은 좋은 거다. "내가 사온 건데, 그거 공부에 도움 되는 거니까 꼭 해!" 하는 식으로 하면 조금 보는 척하다가 집어던져버릴 가능성이 높다. 어린아이들의 생리가 원래 그렇다. 아이에게 알파벳카드나 다른 재밌는 놀이가 있는데 혹시 관심이 있는지 물어볼 수는 있다. 대신 결정은 부모가 아닌 아이가 하게 해야 아이의 호기심이 유지될 수 있다. 좋았다 싫었다 하는 아이의 '변덕'은 어느 정도는 자연스러운 것이기 때문에 예민하게 반응하기보다는 교감하고 잘 관찰하면서 필요하면 대화로 풀어나가는 것이 좋다. 인내심을 갖고 끝까지 최종 결정은 아이가 하도록 계속 기회를 줘야 뒤탈이 없다.

## 6. 어린아이들에겐 하향식 접근이 최선이다

영어권에서 이루어지는 지도는 기본적으로 하향식 지도라고 할 수 있다. 하향下向은 위에서 아래로 내려간다는 말이다. 하향식 학습은 전체를 아는 상태에서 부분을 익히는 것이다. 마치 높은 고도에서 아래를 내려다보면 무엇이 어느 위치에 있고 큰 틀에서 어떻게 조직되어 있는지 알 수 있는 것과 같다. 아래로 내려가다 보면 점점 작은 부분들이 자세히 보이게 되는데, 큰 그림이 머릿속에 있는 상태에서 부분을 보기 때문에 주변의 다른 부분들과 어떤 관계를 형성하고 있는지 그 맥락을 알고서 살필 수 있다.

영어권에서 하는 학습이 하향식인 가장 큰 이유는 기본적으로 '말을 할 줄 아는 상태'에서 학습을 하기 때문이다. 단어를 익혀도 이미 말로 할 줄 알면서 익힌다. 예를 들어, 일견어휘를 익혀도 말을 할 줄 아는 상태에서 익힌다. 어떤 단어인지 인식만 하면 그 쓰임새가 어떠한지는 잘 알고 있기 때문에, 문장이나 구를 활용하지 않고 단어들만 모아서 가르쳐도 별 문제가 되지 않는다. 철자-소리 관계가 너무 불규칙해서 역설적으로 규칙을 가르치는 파닉스도 이미 말을 할 줄 알고 있어서 규칙에 다소 어긋나는 단어라 할지라도 식별할 확률이 높고 식별만 되면 정확하게 읽게 되어 있기 때문에 가능한 것이다. 따라서 식별에만 초점을 맞추어 가르치면 된다. 문법도 말을 할 줄 아는 상태에서 배우기 때문에 그 반대 상황과는 매우 다를 수밖에 없다.

상향上向은 아래에서 위로 올라간다는 뜻이다. 상향식 학습은 처음부터 밑에서 위로 향해 올라가는 방식이기 때문에 전체구도를 모르는 채 그냥 땅 위에서 부분을 익히는 것과 같다. 속된 말로 '맨땅에 헤딩'하는 식이다. 전체 맥락이 보이지 않기 때문에 당연히 다른 부분들과의 관계를 잘 이해하지 못한다. 즉, 부분을 익혀도 그 부분의 진짜 역할이나 쓰임새를 이해하기 어렵다. 올라가면 보이게 된다고는 하지만 올라가는 과정이 어린아이들에게는 너무 힘들다. 영어학습도 마찬가지다. 듣말읽쓰와 문법, 나아가 영어식 정보구성 방식 등 모든 것이 서로 유기적으로 얽혀 있기 때문에, 이것들의 상호관계와 작용을 이해하는 전체적인 접근 없이 낱개로 분리하여 개별적으로 접근하면 학습과정이 험난하고 허술할 수밖에 없다.

영어를 외국어로서 배우는 학습자라 하더라도 영어권에서는 언어 노출량이 이상적으로 많고, 영어를 생존의 도구로서 익히는 아주 강한 학습동기가 작동한다. 특히, 어린아이들의 경우 이런 조건에서는 암시적 학습기제가 작동함으로써 영어를 익히는 속도가 대단히 빠르다. 따라서 역시 단기간에 기초적인 문장 구사력을 가지고 학습을 하는 하향식 학습 단계로 넘어간다.

이와 반대되는 우리나라에서는 말을 할 줄 모르고 배우기 시작하기 때문에 영어권에서 하듯이 하면 당연히 모든 게 고등사고력을 요하는 상향식 학습이 되어버리고 만다. 이대로라면 학습효과가 크게 떨어지는 건 당연하다. 우리가 들여와 사용하는 영어 지도법들은 거의 다 영어권에서 개발된 것이고, 그 환경에 보다 적합하게 설계된 것들이다. 우리 환경에 맞춰 개발된 것이 아니다. 우리나라 영어교육에서는 이 점을 가벼이 여기면 안 된다. 기초적인 문장 구사력 없이 파닉스, 단어, 문법을 익히는 것은 상향식 학습이다. 단어를 익히되 그것의 쓰임새를 알고 익히면 하향식이고, 모르는 채 외우면 상향식이다. 하향식과 상향식, 두 방식의 지도와 학습의 효과는 극적인 차이를 보일 수밖에 없다.

우리나라 환경에서도 하향식 학습이 되게 하려면 먼저 기본적인 문장을 만들어낼 수 있는 문장생성감각부터 빨리 길러주어야 한다. 적어도 묻고 답하는 의문문 두 개와 긍부정의 평서문 두 개 문형은 구사할 줄 알아야 최소한의 하향식 학습 요건을 갖추었다고 볼 수 있다. 그리고 항상 생각단위를 말문장의 최소단위라고 여기며 학습을 해야 한다. 단어를 최소단위로 취급하는 습관이 들면 계속 인지과학에 역행하는 상향식 학습을 하게 되어 듣말읽쓰 모든 면에서 효율이 크게 떨어진다.

지도법들이 영어권에서 개발되고 실험으로 효과가 증명되었다고 해서 섣불리 우리나라에도 효과적일 것이라고 판단하면 오산이다. 물론, 그 지도법들을 우리나라에 적용해서 실험하고 긍정적인 결과를 보고하는 연구들도 많이 있다. 하지만 그런 연구 대부분이 해당 지도법들이 '우리나라에서도' 효과가 있는지를 실험하거나 조사한 것이다. 우리나라의 제반 여건을 고려하여 '우리에게 보다 효과적인' 방법이 뭔지를 연구한 게 아니다. 다양한 면에서 서로 다를 수밖에 없는 환경변수는 고려하지 않거나 아주 피상적인 고려에 그친다. 우리의 환경에 대한 깊은 성찰과 이해를 기반으로, 우리의 관점에서 영어권의 지도법을 비판적으로 수용하고 우리나라에 보다 적합한 지도법을 개발하려는 연구는 많지 않은 실정이다.

생각해보라. 영어의 바다에 빠져 생존수단으로서 영어를 배우는 환경에서 가르치는 지도법이 어떻게 정반대로 영어 노출량도 형편없이 적고 학습동기도 약한 우리 아이들에게도 순탄하게 적용되고 큰 효과를 낼 수 있겠는가. 오히려, 우리 환경에서는 영어권에서보다 훨씬 더 정교하고 창의적인 접근이 필요할 수밖에 없다. 영어권에서 개발된 지도법들이 참고는 되겠지만, 우리 영어학습 환경의 관점에서 면밀한 재해석과 재구성이 이루어지고, 나아가 우리 아이들을 위한 우리식 지도법이 개발되어야 한다. 핵심은, 기본적인 문장생성감각부터 길러주어 기초적인 말을 할 줄 아는 상태에서 파닉스, 단어, 문법을 익히게 하는 하향식 지도법을 개발하고 학습을 설계하는 것이다. 문장생성감각이라는 기초가 세워지지 않으면 사실상 모든 학습이 상향식으로 진행될 수밖에 없고 아이들은 힘들어 할 수밖에 없다.

결론적으로, 부모든 교사든 영어권의 하향식 학습이 우리나라로 들어오는 순간 상향식 학습으로 바뀌게 된다는 점을 항상 염두에

두어야 한다. 상향식 지도는 아직 뇌발달이 충분히 이루어지지 않은 어린이들에게 아주 높은 수준의 인지능력을 요구하기 때문에 학습효과도 떨어지고 학습에 대한 아이의 심리적 상태도 부정적으로 바뀐다. 어린이의, 기초단계의 영어학습에서는 하향식 학습이 원칙이고 최선이다.

## 7. 기본을 살피고, 기본으로 돌아갈 줄 알아야 한다

많은 부모가 영어교육 전문가들이 이거는 언제 어떻게 가르치고, 또 저거는 언제 어떻게 가르치라고 권하는 대로 했는데 왜 아이가 잘 못하는 거냐고 하소연한다. 아이를 먼저 살피기보다는 기술적인 측면만 따진다. 다시 말해, 파닉스, 듣기, 말하기, 읽기, 쓰기, 어휘, 문법 등 개별 영역에서 잘 가르치는 법에는 솔깃해하지만, 아이의 기초 상태와 심리적인 면을 살피는 일은 소홀히 한다. 진짜 중요한 것은 얼마나 아이의 인지적 수준과 심리상태를 잘 살폈으며, 얼마나 아이의 눈높이에 맞게 지도하였느냐는 것이다. 무엇을 지도하든, 어떤 지도법을 사용하든, 묻고 답하는 기본적인 문장을 구사할 수 있는 기초가 잘 닦여 있지 않은 상태에서 지도하는 것은 어차피 상향식 지도이기 때문에 언제 무너질지 모르는 모래성을 쌓는 것과 같다. 기초가 없는 상태라면 어느 나이에는, 어느 학년에는 어떤 것을 해야 한다는 주장도 별 의미가 없다.

　이미 영어를 시작해서 초등 고학년이 되었는데 아직 많이 미진해 보이는 아이들도 있을 것이다. 첫 단추를 잘못 끼워 파닉스 공부, 단어 공부, 문법 공부에 주력함으로써 잘못된 습관이 밴 아이들은 반드시 삐걱대고 마치 슬럼프에 빠진 듯한 시기가 오기 마련이다. 이걸 해결하려면 기본으로 돌아가는 수밖에 없다. 결국에는 그게 더 빠른 길이다. 소위 땜빵으로는 해결하기 어렵다.

　기초를 다시 쌓는 방법으로, 일단은 4문형 학습으로 문형 패턴에 익숙해지게 해주길 권한다. 앞서 얘기했지만 지식보다 감을 잡는 것이 중요하다. 4문형 학습도 다양한 게임이나 놀이를 통해서 재미있게 할 수 있다. 그래서 패턴에 익숙해지면 기본적인 문장을 구사할 줄 알게 되고, 단어 차원에서 생각하는 습관에서 어느 정도 벗어날 수 있다. 그런 다음 아이가 이미 한 번 배운 내용이고 어렵지 않다고 여기는 수준의 텍스트를 가지고 편안하게 귀에 들리고 입으로 자유자재로 구사할 수 있게 연습하는 것을 권한다. 수준 높은 걸 빨리 시키려는 조바심은 위험하다. 우선은 많이 하는 것보다 적은 양이라도 확실하게 자기 것으로 만드는 것이 중요하다. 그래야 감이 잘 형성된다. 좋아하는 주제로 맘에 맞는 누군가와 함께 상호작용하며 할 수 있으면 더 좋다. 말을 할 때는 생각단위로 리듬을 살려서 말할 수 있도록 유도해야 한다. 귀와 입에 달라붙는다는 느낌이 올 정도로 익숙해지는 단계까지 가는 것이 중요하다.

기본으로 되돌아가는 것이 기본이 안 된 채로 중학교에 올라가는 것보다는 낫다. 중학교에 가면 배워야 할 영어가 양도 훨씬 많아지고 수준도 크게 높아진다. 게다가 가까이는 내신용 시험, 멀게는 수능 입시에 초점을 맞춘 수업을 하게 된다. 이런 상황에서 기초가 허약한 상태로 계속 가면 더욱더 깊은 수렁에 빠질 수밖에 없다. 돌아가서 기본을 갖춘 다음 마음먹고 시작하면 치고 올라갈 수 있다. 다른 과목은 몰라도 영어는 가능하다. 아직 초등이라면 지금 또래들과 나란히 하지 못하고 있다고 억지로 같은 수준의 학습을 시키거나, 지금 이 순간 많이 부족해 보이는 부분만 땜질하듯이 가르치지는 건 악수다. 먼저 잠재의식에서 말을 만들어내는 기본 틀이 갖추어져야 하는데, 그게 구조감각이고 문장생성감각이다. 따라서 아이들 입에서 "감 잡았어!"라는 말이 나오게 하는 게 중요하다. 감이 잡히면 하향식 학습이 가능해져 속도를 낼 수 있고 그간 뒤처진 부분을 금방 따라잡을 수 있다. 과감하게 기본으로 돌아가길 권한다. 절대 늦지 않다. 중학교에 가서 시작해도 따라잡을 수 있는 게 영어인데, 초등 고학년이라고 너무 늦었다고 하는 것은 말이 안 된다.

## 8. 더 잘하는 아이들이 있는 곳에 함부로 보내지 마라

잘하는 아이가 많은 곳에 보내면 더 잘할 거라고 기대하며 자기 아이를 처음부터 그곳으로 보내거나 옮기는 부모가 많은데, 매우 경계해야 할 일이다. 웬만큼 자신있어 하는 아이들도 자기보다 더 잘하는 아이들이 있으면 기가 죽고 학습의욕이 급강하하는 사례가 많다. 특히, 부모의 억압적 분위기에서 상위권을 유지하고 있는 아이들이 위험하다. 이런 아이들은 스트레스가 심하고, 대개 자신이 진짜 하고 싶은 것을 억누르고 있는 상태일 수 있는 데다, 최고에 대한 강박이 형성되어 있을 가능성이 높다. 부모의 잘해야 한다는 압력도 심한데 주변 사람들은 뭣도 모르고 잘한다고 칭찬을 마다하지 않을 것이다. 칭찬이 약이 될 수도 있지만 그만큼 부담을 안겨주기도 한다. 그렇지 않아도 심한 부담감을 안고 있는데 갑자기 더 잘하는 아이들이 많은 집단에 집어넣으면 부모의 기대에 맞춰 더 잘해야겠다는 의지를 불태우기보다는 오히려 자존심이 크게 상하고 좌절할 가능성이 있다. 더 나아가 자존감마저 떨어질 수 있다. 자존감은 자존심과 다르다. 자존심은 잠시 상해도 되지만 자존감이 떨어지게 되면 회복하기가 쉽지 않다.

한번은, 영어를 좋아하고 꽤 잘하는 아이가 있었는데, 영어유치원에 보내자 며칠 되지도 않아 아예 영어 자체를 하지 않겠다며 입을 완전히 다물어버렸다는 이야기를 듣기도 했다. 이 정도면 자존감이 무너진 경우라고 봐야 한다. 아이가 학원 같은 곳에서 두각을 나타냈다지만, 영어권에서 태어나서 자라다가 온 아이들이라든가 영어에 날고긴다하는 아이들이 많은 곳에 가면 자신의 위상은 급락하고 초라한 자신을 직면하게 된다. 그러면 좌절감에 빠지게 되고 정말 입도 뻥끗하기 싫어진다.

 욕심이 앞서서 어설픈 실력의 아이를 소위 미국교과서로 가르친다는 곳에 보내는 것도 매우 위험한 선택이다. 혹시 아이가 가겠다고 우기면 한번 보내볼 수는 있지만, 그렇게 해서 가더라도 아이의 동태를 잘 살펴서 아니다 싶으면 곧바로 빼내야 한다. 자신이 직접 선택했기 때문에 괴로운데 말은 못 하고 억지로 버티고 있을 수도 있다. 이런 일이 어린이에게만 해당되는 게 아니다. 중고등학생이 되어서라도 소위 빡센 학교로 이동하면 상당수 아이들은 좌절하여 오히려 사태가 악화된다.

 학원이나 기관에서 보내는 해외 어학연수도 아이의 상태를 잘 살펴서 보내야 한다. 자기보다 잘하는 사람이 있어도 개의치 않는 아이는 상관이 없지만, 그렇지 않은 아이들은 열등감이 더 심화되어 돌아올 수도 있다. 해외에 가면 영어를 잘하는 아이들이 날개를 달게 된다. 그런 걸 보면서 오기가 발동하면 다행이지만, 좌절감만 맛본다면 안 간 것만 못하게 된다. 자존심이 강한 아이는 좌절감이 훨씬 더 심할 수 있다. 어른도 자기보다 더 외국어를 잘하는 사람이 옆에 있으면 말이 하기 싫어지기 마련이다. 자존심과 열등감 사이의 거리는 그리 멀지 않다.

## 9. 말 잘하는 아이가 영어도 잘할 수 있다

미국 유학 중 겪은 개인적인 경험이다. 유학 중이니 당연히 외국인들과 이야기를 할 기회가 많았다. 문제는 학술적인 이야기를 할 때가 아니라 그냥 여럿이 일상적인 대화를 나눌 때였다. 나의 영어 능력도 어느 정도 한계가 있기는 하지만 무엇보다도 할 말이 생각이 나지 않아 말을 못 하겠는 것이었다. 서양 친구들은 아주 사소한 일을 가지고도 온갖 유머를 발휘하며 참 길게도 말하는데 나는 듣고만 있을 뿐 말을 잘 이어가지 못했다. 그런 일을 겪으면서 말을 잘해야 외국어도 잘할 수 있겠다는 걸 깨닫게 되었다.

말을 잘한다는 건 '서사능력'이 좋다는 것이다. 서사능력은 이야기를 이해하며 사건을 묘사하는 능력을 말한다. 책을 많이 읽는 사람들은 대체로 서사능력이 좋다. 선천적으로 말하기 좋아하고 서사능력이 좋은 아이도 있다. 부모와 대화를 많이 나누는 아이들도 서사능력이 꽤 좋은 경향이 있다. 상하관계가 아니라 평등한 관계에서 아이와 나누는 대화는 교육의 관점에서 봐도 매우 좋은 일이다. 또, 감성이 좋은 아이들도 잠재적으로 서사능력이 좋다.

서사능력을 기르는 한 가지 방법으로, 어떤 대상을 두고 그것에 대해 묘사해보는 연습이 있다. 주변에 있는 아무 물건이나 앞에 두고 그것에 대해 완전한 문장으로 말을 하거나 글을 써보는 것이다. 아마 처음에는 한두 문장 만들어내는 것도 쉽지 않을 수 있다. 이때 어른이 여러 가지 관점을 하나씩 제시해주면 아이에게도 다양한 관점이 생겨난다. 가령, 식탁의 컵을 가지고 묘사한다면 용도, 모양, 크기, 디자인, 실용성, 다른 컵들과의 비교 등의 관점을 하나씩 던져줄 수 있다. 만약 아이가 그림그리기를 좋아한다면 자신이 원하는 디자인이나 용도의 컵을 그려보고 설명해보게 할 수도 있다. 그러면서 다른 연관 주제로 이어갈 수도 있다.

이런 식으로 하다 보면 얼마 가지 않아 문장의 수도 많이 늘어나고, 언어능력과 사고력이 길러지는 효과도 크다. 흔히 사고력이 생겨야 말을 할 줄 안다고 생각할 수 있지만, 말을 하다보면 사고력이 길러진다는 이론도 있다. 어떻게든 서사능력이 길러지면 말도 더 잘하게 되고 하고 싶은 말도 많아진다. 그리고 이런 능력이 아이의 영어학습 과정에서 긍정적인 촉진제 역할을 하게 된다.

다른 한편, 어려서부터 스마트폰 등을 통해 보는 동영상만으로는 문해력도 서사능력도 잘 길러지지 않는다는 점을 기억할 필요가 있다. 사람들과의 유의미한 교감과 상호작용이 미약하기 때문일 것이다. 우리의 뇌는 언어를 습득할 때 사람과 사람 사이 대화를 통해서 익히도록 설계되어 있다고 한다. 따라서 일방적으로 보고 듣기만 하는 방식으로는 생각보다 익혀지는 게 적다. 서로 반응하고 생각을 나누고 같이 행동하는 상호작용이 있으면 습득의 속도도 빨라지고 여러 가지 능력이 같이 길러지기도 한다. 동영상을 보더라도 그 내용을 가지고 아이와 서로 묻고 답하고 이야기를 나누는 상호작용 시간을 많이 갖는다면 좀 달라질 수 있다.

요즘 아이들 중 국어 문해력이 떨어지는 아이들이 많다고 하는데, 이런 아이들은 서사능력도 떨어지고 나아가 외국어 습득 능력도 떨어질 가능성이 높다. 따라서 글을 많이 읽도록 유도하는 것이 좋다. 문자가 없는 구술문화와 문자를 가진 문화의 큰 차이 중 하나가 구술문화에서는 논리가 약하다는 점이라고 한다. 문자가 있으면 긴 사고과정을 눈으로 볼 수 있어서 자연스럽게 인과관계를 이해하고 기억하게 되며 논리적 사고체계가 발달하게 된다. 하지만 눈에 보이지 않고 사라져버리는 소리만 가지고는 긴 인과 과정을 기억하기가 쉽지 않다. 그래서 어려서부터 글을 읽는 습관을 가지면 문해력과 사고력이 좋아질 수밖에 없다.

어린아이들은 특히 책을 보며 소리내어 읽는 기회를 많이 가지면 좋다. 옛날 초등학교 수업에서는 학생들에게 책을 들고 큰 소리로 읽어보게 하는 일이 아주 많았다. 어찌 보면 교사하기 참 쉬웠다는 생각도 들었지만, 근래에 그게 언어습득과 사고력에 꽤 좋은 방법임을 깨닫고 생각을 달리하게 되었다. 지금은 영어교육에서뿐만 아니라 우리말 교육에서도 낭독의 중요성을 강조하고 다닌다.

얼마 전 제자 초등교사를 만나서 저녁식사를 하며 어린 학생들이야기를 나눈 적이 있었다. 그러다 또 낭독 이야기가 나왔었는데, 우리말인데도 완성된 문장으로 말하지 못하는 아이들이 꽤 있는데, 필자가 낭독을 권했던 기억이 나서 아이들에게 시켜보았더니 좀 나아졌다고 했다. 다음날 대학원 수업에서도 실제로 요즘 초등학생 중에는 문장을 완성해서 말을 하지 못하는 아이들이 많다는 것을 확인할 수 있었다. 그래서 꼭 국어시간만이 아니라 다른 교과 시간에도 교과서의 글을 자주 큰 소리로 읽어보게 하라고 재차 권하기도 했다.

가장 좋은 시작은 아주 어릴 때부터 아이에게 책을 자주 읽어주는 것이다. 그런데 반드시 교감을 하면서 읽어주어야 한다. 일방적으로 읽어주기만 하는 방식으로 하면 아이가 주의를 잘 기울이지 않아 효과가 떨어진다. 읽는 과정에서 "다람쥐 어디 있어?" "귀엽다 그지? 지금 뭐 먹고 있어?" 등 아이와 교감을 하면 아이도 집중을 하게 되고, 나아가 언어습득뿐만 아니라 아이의 상상력과 사고력을 키워주고 서사능력도 길러주게 된다. 더불어 부모와의 관계도 좋아지고 아이의 정서도 안정된다. 묘사활동도 처음에는 부모조차 좀 어설플 수 있지만, 하다 보면 부모와 아이 모두 다양한 시각이 생겨나고, 하는 요령도 쌓여가게 되어 보다 재밌고 효과적인 방법을 시도할 수 있게 된다.

혹시 사교육을 통해서 문해력을 길러주고자 한다면 어린이를 대상으로 한 학원 선택에 주의를 해야 한다. 예컨대 논술지도를 표방

하는 곳이라면, 얼핏 문해력을 길러주는 듯하지만 스스로 생각하고 느껴볼 수 있는 기회를 주기보다는 자칫 시험치기용 기계적 시각을 주입하는 곳은 아닌지 잘 살펴야 한다. 스토리텔링을 잘하는 선생님과 함께 책을 읽고 내용에 대해서 다 같이 즐겁게 대화를 나누고 여러 가지 재밌는 활동을 해보게 하는 곳이 좋다.

## 10. 외국어에 특혜를 주면 모국어가 약해진다

외국어습득 이론 중에 짐 커민스 Jim Cummins 의 'Common Underlying Proficiency CUP'라는 개념이 있다. '공통기저능숙도' 정도로 번역될 수 있다. 겉으로는 달라 보이지만 안 보이는 곳(기저)을 살펴보면 모국어 능력과 외국어 능력에 공통된 부분이 많다는 것이다. 이 개념은 빙산에 비유되는데, 수면 위에는 모국어와 외국어 봉우리가 분리된 채 나란히 솟아있지만, 눈에 보이지 않는 물밑에서는 아주 크게 겹쳐있는 모습의 빙산이다. 이 개념의 요점은 모국어 능력 및 관련 지식이 외국어 학습에 전이된다는 것이다. 간단히 말하면, 모국어 능력이 좋은 아이가 외국어도 잘 배울 가능성이 높다는 것이다. 실제로, 어려서 영어권에 이민을 간 아이의 경우, 학교교육이 부족하거나 모국어 발달이 미흡하면 정상적인 교육을 받은 아이에 비해 학업을 따라잡는 데 2~3년이 더 걸리는 것으로 알려져 있다.

한편, 많은 사람이 어린 자신의 아이가 외국어에 관심이나 소질을 보이면, 모국어인 한국어는 소홀히 하고 외국어에만 집중하는 경향이 있다. 우리말은 '어차피 살다보면 잘하게 돼 있으니까'라는 생각 때문인 듯하다. 하지만 그러면 안 된다. 첫째, 위에서 언급하였듯이 모국어습득이 외국어습득에 매우 큰 영향을 미친다. 모국어 습득을 통해 잠재적으로 축적한 어휘들, 문법개념들, 이해력, 사고력 등이 외국어 습득 과정에 관여하기 때문이다. 둘째, 아이가 외국어를 잘할 때는 칭찬을 하고 관련 책과 영상 등 자료도 풍족하게 구해주면서, 모국어에는 관심도 적고 칭찬도 인색하다면 당연히 모국어에 흥미를 잃게 되고 습득이 늦어진다.

한 공중파 방송에 나온 사례인데, 만 두 살도 안 된, 영어와 중국어를 읽고 말하고 천자문까지 읽을 줄 아는 아이가 출연한 적이 있다. 방송 초반에는 '언어영재'라고 열심히 띄웠지만, 정작 뒷부분에 가서 전문가의 진단을 받아본 결과 언어능력이 평균 이하 수준으로 나와서 다들 깜짝 놀란다. 어른들의 착각이 있었던 것이다. 영어책을 읽고 간단한 말도 하고, 중국어로 블록을 세고, 천자문까지 읽으니까 당연히 언어영재인 걸로 판단했겠지만, 아이는 뜻을 제대로 알지 못한 채 뛰어난 시지각능력으로 그냥 문자와 소리를 '기억'하고 있었던 것이다. 시지각능력이 뛰어나다는 것은 눈으로 보고 듣는 것을 영상으로 찍은 듯이 기억하는 능력이 있다는 말이다. 결국, 이 아이는 기억력은 아주 뛰어나지만 뜻을 제대로 알고 익힌

게 아니었던 것이다. 예를 들면, 우리말 '크다-작다', '배고프다-목마르다' 같은 말의 뜻을 구분하지 못하고 있었다. 다시 말해서, 표면상으로는 언어를 잘 익히는 것 같지만 '언어습득'이라고는 할 수 없는 상태였던 것이다.

이렇게 된 데는, 아직 너무 어린 것도 있지만 모국어인 한국어 학습이 미흡했던 점이 크다. 영어, 중국어, 한자로 부모를 놀라게 하자 거기에만 집중하고 우리말을 가르치는 데는 소홀히 한 것이다. 그러다 뒤늦게 이래도 되나 싶은 생각이 들었고, 어느 날 갑자기 아이에게 한글 동화책을 보여주며 "이게 뭐야?"라고 물으니 아이가 알 리가 없다. 아이는 그동안 잘하는 것을 가지고 우쭐해하며 자신을 어필해왔는데, 못하는 모습을 보여주는 상황에 처하게 되니 당황하고 그 상황을 회피하려는 모습을 보일 수밖에 없다. 게다가 그때까지 엄마가 한 질문이 거의 다 "이게 뭐야?"라는 명사형 질문이었다. "어떻게?", "왜?" 같은 서술형 질문과 달리 명사형 질문은 이해력과 사고력 향상과는 거리가 멀다. 그러다보니 이해언어<sup>수용언어</sup>와 표현언어 모두 잘 발달하지 못한 것이다. 이해력과 표현력이 부족하다는 것은 사고력이 부족하다는 것과 같다. 이처럼 모국어 능력이 미흡하면 사고력을 길러줄 토양이 약하기 때문에 기억력에 의존해서 외국어 문자의 이미지와 소리만 암기하게 되는데, 그나마 기억력 영재라서 이렇게라도 하는 거지 보통의 아이들은 어림없는 일이다. 물론, 이 아이는 시지각능력이 매우 뛰어나기 때문에 커서는 뭐든 잘하게 되긴 했을 것이다. 하지만 아이가 영재이든 아니든 처음부터 다른 말에는 특혜를 부여하고 우리말을 소홀히 하면 모국어 습득과 사고력 발달 지연과 같은 시행착오를 겪을 수 있으므로 주의해야 한다.

  아이는 외국어와 우리말을 구분하며 태어나지 않는다. 태어나서 처음 접하는데 외국어인지 모국어인지 알 리가 없다. 이럴 때는 아무 언어나 접해도 아이에게는 어느 건 쉽고 어느 건 어려운 게 아니다. 어느 언어든 동등하게 접하면 다 습득할 수 있다. 문제는 아이가 우리나라 환경에 놓여 있다는 점이다. 그나마 부모 중 한 명이 영어 원어민이라면 다를 수 있겠지만, 둘 다 한국인이라면 모국어는 당연히 한국어일 수밖에 없다. 따라서 한국어 습득이 잘 이루어지면서, 이를 통해 개발된 언어능력과 사고력이 외국어 학습의 토대가 되어주는 것이 자연스러운 과정이라고 할 수 있다. 그렇지 않고 한참 모국어 습득이 이루어져야 하는 시기에 외국어에 특혜를 베풀면 당연히 모국어 습득이 느려지고 사고력 발달도 지체되어 장기적으로는 다시 외국어 습득의 속도도 지체되고 성취수준도 낮아지게 될 수 있다.

제2장    제발 사춘기까지만이라도
         진정한 배려를....

## 1. 말 잘 듣는 아이를 조심하라

　아기가 세상에 나오면 한동안 생존본능으로 살아간다. 고등사고 능력이 충분히 길러지기까지는 많은 경험이 필요하고 상당히 긴 시간이 걸린다. 대부분 아무리 짧게 잡아도 초등학교가 끝나기 전까지는 분석적 사고능력이 제한적이다. 특히, 일차성징이 나타나는 시기 이전까지는 생존본능에 많이 의존하는 행동을 보인다고 생각하면 된다. 이 기간에 아이가 착하고, 말 잘 듣고, 시키는 대로 열심히 한다고 해서 실제로 그런 아이라고 섣불리 판단하고 믿으면 안 된다.

　실제로 그런 아이가 사춘기가 되면서 엄마와 '원수지간'이 되어버린 사례를 한 초등교사로부터 직접 듣기도 했다. 엄마는 도대체

이해할 수가 없다고 하였다지만, 자신의 정체성을 갖추게 되는 사춘기가 되면 생존본능으로 살아온 과거의 삶에서 탈피하려 한다. 만약 과거에 속마음은 하기 싫었었는데 '먹고살기 위해서' 웃으며 시키는 대로 해왔던 것들이 있었다면 그것들로부터 당연히 벗어나려 할 것이다. 그래서 이제 부모에게 싫은 속마음을 드러내고 저항하기 시작한다. "네가 좋아서 했잖아?"라는 말은 설득력이 없다. 부모의 착각이었기 때문이다. 말 잘 듣고 좋아서 했던 모습은 생존본능으로 살아가는 아이의 전략에서 나왔던 것이다. 이제는 아이의 진짜 속마음을 이해하고 존중하고 배려하지 않으면 갈등은 해소되기 어렵다. 진짜 좋아했던 건지 좋아하는 척 했던 건지는 아이를 진정으로 이해하려는 노력이 없으면 알기 어렵다. 그런 면에서 부모도 아이들의 발달심리에 대한 공부를 좀 해야 한다.

이 역시 방송에 나온 아이 이야기다. 초등학교에 들어가기 전이지만 수학, 영어 외에 일본어 중국어 등 외국어도 잘 하고, 과학, 미술, 음악에 이르기까지 그 나이 치고는 잡학박사라고 할 수 있을 만큼 다방면에 많이 알고 있는 아이였다. 집에 있을 때면 아침에 일어나서 잘 때까지 대부분의 시간을 공부를 하며 보냈다. 다만, 유독 학습지를 많이 푸는 습관이 있었다. 엄마는 "싫으면 안 해도 돼."라며 특별히 압박하지도 않고 아이한테도 매우 다정해보였다. 아이도 장난기도 많고 밝아보였다. 그런데 모르는 문제가 나오거나 틀리게 되면 아이는 민감한 반응을 보이고, 심지어는 엄마에게 대드는 모습까지 보였다.

　정신건강전문의의 진단을 받아본 결과는 놀라웠다. 아이에겐 '더 대단한 것'을 할 수 있어야 한다며 걱정하는 자격지심까지 있었다. 지금도 아주 잘 하고 있는데 왜 그러냐는 질문에는 "사람들한테 잘하는 것을 보여주고 싶어서"라고 대답했다. 모르거나 틀리면 사람들이 자기를 더 이상 똑똑하지 않다고 생각하고 주목하지 않을 거라는 두려움이 크다는 뜻이기도 하다. 그런데 "학습지 푸는 게 정말 재밌니?"라고 물으니 아무도 예상치 못한 답변을 했다. "나는 안 하고 싶은데요~, 엄마가 실망한다고요~." 아이는 눈물까지 보였다. 그러다가 또 문제를 내보라는 아이에게 의사가 그건 안 궁금하고 "기분이 좋은지 이게 더 궁금한데"라고 하자 아이는 의사선생님의 무릎에 얼굴을 묻고 더 슬피 울었다. 아이는 엄마가 칭찬보다는 공부하라고 요구만 한다고 느끼고 있었다. 엄마는 자신이 공부를 강요한 적이 없고 본인이 원해서 해주는 거라고 했지만 아이의 속마음은 전혀 달랐던 것이다. 아이는 엄마의 눈치를 보며 공부를 해야만 엄마가 실망하지 않고 자신에게도 잘해준다고 생각했던 것이다. 다행히 전문가 상담으로 정답이 있는 문제지 풀이가 아이에게 독이 되었고, 스스로 생각하고 표현하는 과정이 매우 중요하다는 점을 깨닫게 되었다. 이후 엄마와 아이 모두 긍정적인 방향으로 달라지기 시작하는 모습을 보였다.

　한편 같은 프로그램의 다른 회차에 나온 아이 이야기는 매우 다른 상황을 보여주었다. 엄마와 아빠가 모두 중증 청각장애자이고 가난한 가정의 아이가 소개되었다. 부모는 화학 분야에 영재성을 보이는 아이가 자신들에게 설명하는 말이 어려워 무슨 내용인지 전혀 알 수는 없었지만 따뜻한 눈빛으로 아이의 입을 바라보며 끝까지 귀를 기울여주었는데, 그것만으로도 아이는 공부도 열심히 하며 밝게 잘 자라고 있었다. 이 엄마 아빠는 전문가들에게서 그동안 프로그램에 나온 부모들 중 최상의 평가를 받았다고 한다.

## 2. 어려서 하는 과도한 '공부'는 뇌를 망가뜨린다

부모의 일방적인 강요로 재미는 없고 공부만 시키는 사교육에 보내져서 엄마와의 관계가 심각해진 사례를 주위에서 많이 본다. 물론 영어 공부 하나만으로 그렇게 된 건 아닐 것이다. 어떤 이유로든 사춘기도 되지 않은 어린 나이에 엄마와 말도 잘 안 할 정도로 관계가 안 좋아졌다면 그건 아주 심각한 상황이다. 무엇보다 아이가 매우 위험한 상황이라고 봐야 한다. 이런 상황에 빠지게 되었을 때 가장 흔하게 나타나는 아이의 변화가 주의력이 떨어지고 부모와 대화를 거부하는 것인데, 만약 이런 변화가 눈에 띈다면 아이를 탓하기 전에 곧바로 부모의 생각과 태도부터 바뀌어야 한다. 필시 부모가 아이에게 '사랑하는 방법'이 잘못되었음을 인정하며 무릎을 꿇고서라도 진심으로 사과하고 모든 걸 부모중심에서 아이중심으로 바꿔야 정상으로 되돌아갈 수 있는 길이 열릴 것이다. 어떻게 해야 할지 잘 모르겠으면 빨리 부모와 아이 모두 아동청소년정신과 전문가의 상담을 받아서 구체적인 개선방안을 찾아야 한다.

부모의 믿음과 따뜻한 사랑 속에 사춘기를 잘 넘긴 아이들은 서서히 학업의 강도를 높여가도 이해하고 감당해낼 수 있다. 사춘기 이전, 특히 아주 어린 나이에는 정서적인 면이 훨씬 더 중요한데, 분석적인 사고를 요구하는 인지교육을 과도하게 시키면 정서와의 균형이 깨져 심각한 정신과적인 증상이 나타날 수 있다. 그런 증상으로는 주의력결핍, 정서불안, 분노조절장애에 의한 폭력적 행동 등 다양하다. 아이한테서 이러한 증상이 나타나면 과도한 인지교육을 시키지 않았는지, 아이의 마음을 배려하지 않고 너무 부모의 뜻대로만 밀어붙이지 않았는지 반성해봐야 한다. 그릇된 사랑은 사랑이 아니다. 아이가 그런 행동을 보일 때 전문가가 진단해보면 사실상 예외 없이 원인은 부모의 잘못이라는 결과가 나온다.

## 3. 아이들은 때가 되어야만 이해하는 것들이 있다

딸아이가 중학교 1학년이었을 때였던 거 같다. 아주 간단한 수학 방정식을 갖고 와서 알려달라고 물었던 적이 있다. 내 딴에는 쉽게 여러 번 설명을 해주었는데 아이가 이해를 못 했다. 나중에는 "어떻게 이런 말도 못 알아들을 수가 있지?" 하는 생각이 들며 화가 나기 시작했고, 결국 서로 기분만 안 좋아진 적이 있다. 그런데 얼마 지나지 않은 어느 날 보니 혼자 알아서 잘 하고 있었다. 그걸 보며 더 친절하게 설명하는 법을 몰랐던 나를 반성도 했지만, '어린아이들은 때가 되어야 이해한다'는 것을 깨닫게 되었다.

외국어 학습 관련 이론 중에 '지도가능성가설 Teachability Hypothesis'이라는 게 있다. 외국어를 하다 보면 학습단계에 따라 익혀지는 순서가 있는 구조와 문법들이 있고 단계와 무관하게 익혀지는 것들도 있다. 학습되는 순서가 있다는 발견은 '자연순서가설 Natural Order Hypothesis'이라고 불리게 되었다. 여기서 '자연순서'는 자연스러운 의사소통 활동을 통해 익히는 것을 전제로 한다는 뜻이다. 문법책을 통해서 익히게 되면 그 책의 목차가 학습의 순서를 결정하기 때문에 자연스러운 상황이라 할 수 없다. 지도가능성가설은 익혀지는 순서가 있는 것들을 공부로서 명시적으로 가르칠 때는 그 순서를 지킬 필요가 있으며, 그렇지 않고 단계를 건너뛰면 잘 안 가르쳐진다고 주장한다. 또한, 아이들이 어느 한 단계를 모두 동시에 통과하는 것이 아니라 준비가 된 학습자만 통과하여 다음 단계로 나아가는 것이기 때문에, 나이에 따라 표준화된 수준으로 획일적인 지도를 하는 것은 바람직하지 않다고 말한다.

'입력가설 Input Hypothesis'은 언어학자이자 저명한 외국어교육학자인

스티븐 크라션Stephen Krashen의 주요 가설 중 하나인데, 학습자에게 'i + 1' 수준의 입력을 제공하는 것이 중요하다고 주장하는 가설이다. 여기서 'i'는 학습자가 지금까지 습득한 언어능력, 즉 현재 수준을 말하고 '+1'은 그보다 딱 한 단계 높은 수준의 언어입력을 가리킨다. 그 이상 높은 수준으로 건너뛰면 학습이 잘 안 되기 때문에, 현재 수준보다 살짝 높은 입력을 제공하라는 것이 입력가설의 핵심이라고 이해하면 된다.

더불어, 크라션의 '정의적 필터 가설Affective Filter Hypothesis'에서는, 어린 학습자들은 정서에 크게 좌우되기 때문에, 스트레스를 받으면 필터가 작용하여 언어입력이 줄어들게 됨으로써 온전한 학습이 이루어지지 못한다고 말한다. 한마디로 재미없거나 스트레스를 받으면 말이 귀에, 글이 눈에 잘 안 들어온다는 말이다. 필터가 강력하게 작동할 수 있으므로 특히 주의를 해야 하는 경우로, 말할 준비가 되어있지 않은데 억지로 말을 하라고 압력을 넣을 때와 이제 겨우 입을 열기 시작했는데 당연히 범할 수 있는 오류를 곧바로 지적하고 교정하려 할 때, 두 가지를 든다.

지금까지의 가설들만으로도 우리는 어린이 영어교육에 매우 조심해야 한다는 것을 미루어 짐작할 수 있다. 첫째로, 아직 고등사고력이 약한 시기이기 때문에 아이의 현 수준에 적합한 지도를 해야지 무턱대고 어려운 수준을 가르치려 해선 안 된다. 그런데 공부를 시키는 학원들의 지도는 어린 학습자들이 시작하기에 지나치게 수준이 높고 획일적인 경우가 많다. 둘째, 어린이들에게 재미가 없고 스트레스를 많이 주는 지도방식은 효과가 크게 떨어진다. 재미있게 가르치는 곳에서 시작해야 하고 공부는 좀 늦게 시작해도 된다.

고등사고력을 타고나는 아이는 극소수에 불과하다. 절대다수의 아이들에게 고등사고력은 타고나기보다는 길러지는 것이다. 잘 길러지고 못 길러지는 것은 방법에 따라 달라진다. 굳이 머리를 쥐어짜는 방식이 아니더라도 잘 길러줄 수 있는 방법이 세상에 많이 개발되어 있다. 똑같은 학습내용이라 하더라도 재밌는 활동으로 배우면 더 쉽고 더 잘 익혀지지만, 공부로 가르치면 훨씬 어렵고 잘 익혀지지 않는다. 아이들이 능동적이고 '열공'할 준비가 되어있다고 전제하는 교재와 수업을 많이 보는데, 세상에 열공할 준비가 된 아이는 없다. 오히려 그럴 준비가 되어있지 않다고 전제하고 수업을 설계하고 가르쳐야 한다. 어린아이를 이끌어가는 사람은 아이의 걸음걸이(인지 및 신체 발달)에 맞게 보폭은 좁아야 하고(수준이 너무 높고 진도가 너무 빠르면 안 되고) 아주 친절하게 이끌어가야 한다. 영어를 시작하는 아이의 성공 여부는 적절한 학습법과 아이의 눈높이에 맞춘 배려에 달려있다.

어린이를 위한 아동심리학과 교육방법 연구들을 무시한, 경쟁심과 질투심을 유발하는 회유나 불안을 조성하는 엄포에도 넘어가선 안 된다. 요즘 그런 광고와 홍보가 넘쳐난다. 아이가 경쟁심을 스스로 발산하는 건 그나마 괜찮지만 부모가 남과 비교하면서 아이의 자존심을 자극하고 부추기는 것은 자칫 반항심이나 의기소침 등 역효과를 불러오게 되어있다. 먼저 부모가 아이를 이해하고 아이에게 격려와 용기를 주는 방법에 대해서 궁리하는 것이 중요하다.

## 4. 강압적으로 공부시켜서 성공했다?

어려서부터 강압적으로 공부를 시켜서 '성공한' 것으로 보이는 사례가 주변에서 제법 눈에 띌 것이다. 성공한 아이 중에는 훗날 부모가 그렇게 시켰기 때문에 이렇게 잘 된 거라고 말하기도 한다. 그렇다보니 우리 아이도 그렇게 하면 될 거라고, 그렇게 해야 될 거라고 생각하는 사람이 많다. 하지만 이 생각에 대해서는 안타까운 점이 좀 있다.

먼저, 사실은 본인의 눈에 그런 사람들만 보인 것일 수 있다. 본인도 은근히 그런 생각을 가지고 있는데다 교육열이 심한 곳에 거주하거나 그런 지역을 눈여겨보게 되면 유독 그런 사례만 눈에 들어오기 마련이다. 그러다보면 강압적으로 하지 않고도 성공한 사례가 눈에 들어오지 않거나, 그건 예외적으로 '머리가 좋은 아이들에게나 해당될 뿐'이라고 생각하게 된다. 그래서 성공한 아이의 중학교 이전의 상황이 어떠했는지를 잘 살펴봐야 한다. 초등학교 때까지는 아이답게 크고 중학생 때부터 본격적으로 공부를 시작하여 성공한 사례가 적지 않기 때문이다. 어쩌면 적지 않은 정도가 아니라 더 많을지도 모른다. 물론 성공의 기준이 뭐냐에 따라 다르겠지만.

또 하나, 하다못해 사춘기를 넘길 때까지만이라도 강압을 하지 않고 아이를 존중해주었더라면 더 좋았을 텐데 라는 안타까움이 있다. 여러 차례 언급하였듯이, 사춘기까지는 분석적 사고력이 충분히 발달하지 못한 시기이기 때문에 과도한 인지교육은 아이에게 정신과적으로 심각한 문제를 일으키기 쉽다. 너무 어려서부터 강압적으로 밀어붙여서 아이의 정신이 망가지고 실패한 사례가 성공한 사례보다 틀림없이 더 많을 것이다. 놀면서도 분석능력을 기르는 방법은 많다. 그래서 집중적인 인지교육은 적어도 초등학교 고학년이나 중학교에 가서 시작해야 위험성이 덜하다. 부모의 억압에 정서적으로 '진이 빠진' 상태가 아니라, 부모의 사랑과 신뢰 속에서 정서적으로 안정된 상태에서 본격적으로 공부를 시작하면 학습의 효율도 좋고 강압적으로 일찍 시작한 아이들을 금방 따라잡을 수 있다.

한 작은 사례로, 대학원생으로서 수업을 들었던 초등교사의 이야기가 기억난다. 본인은 학교에서 영어를 꽤 오래 가르쳐왔지만 정작 자신의 아이는 학교에서 공식적으로 영어 교과가 시작되는 초3 전까지 영어학원을 보내지 않았다고 했다. 그런데 막상 3학년에 영어수업이 시작되자 학원에 다니며 선행학습을 한 아이들은 수업이 재미가 없다고 하는데 자기 아이는 재밌어하고, 한 학년을 마칠 때쯤에는 학원 다닌 아이들과 차이가 없더라는 것이다. 사실 초3도 안 된 아이들이 재미없는 공부를 시키는 학원에 다니면서 영어를 배우면 얼마나 배우겠는가? 그래서 필자가 어린이 영어교육 관련한 강연을 가게 되면 앞으로 살아갈 날이 까마득하고 언제 아이에게 잘 맞는 환경 만나서 잘하게 될지 모르는데, 단어를 하나도 못 익혀도 괜찮으니 제발 아이의 기를 죽이고 영어를 혐오하고 무서워하게 만들지만은 말아달라고 당부하곤 했다.

흔히 사춘기에 접어들어 말을 듣지 않기 전에, 말을 잘 들을 때 잡아야 한다고들 말한다. 부모가 사교육을 덜 힘들게 시킬 수 있다는 관점에서만 보면 사춘기 이전이 상대적으로 나을 수도 있다. 하지만 이건 엄밀하게는 어른 편하자고 아직 어려서 생존본능으로 부모에 의존하는 아이의 약점을 이용하는 것이다. 발달심리와 효과적인 학습법의 관점에서 봐도 마찬가지다. 길게 보면 부모가 훨씬 더 불편하고 힘들어지게 되는 길을 선택한 것이라고 할 수 있다. 아이도 힘들고 그런 아이와 심한 갈등을 겪으며 힘겨운 씨름을 해야 하는, 어쩌면 평생 원망의 소리를 들을지도 모르는 부모도 힘든 방법이 될 수 있기 때문이다.

너무 어릴 때 심하게 공부를 시키는 것은 비유하자면 비포장 국도를 선택하는 것이고, 지도에서 직선거리만 짧은 건데 그 길을 바르고 빠른 지름길이라고 착각하는 것이다. 하지만 사춘기 전까지 아이가 정서적으로 안정된 길을 가게 되면 그 다음엔 고속도로를 올라탈 수 있게 되고, 비포장길을 달리는 사람들을 따라잡는 건 시간문제가 된다. 가기 싫은데 질질 끌려가는 삶을 살면서 가다보면 심한 사춘기가 찾아올 것이고, 그러면서 신체적 정신적 근력은 제대로 길러지지도 않았을 텐데, 고3까지 혹은 재수나 삼수까지 길고 힘겨운 기간을 견뎌내며 부모가 원하는 대학에 간 사람이 몇 명이나 될까 싶다. 결과만 보니까 많아 보일 뿐, 알고 보면 아주 소수일 수밖에 없다.

더 나아가, 정작 부모가 바라는 대학에 간 후에 갑자기 억압이 풀리면서 정신적 공황이 와 삶이 망가진 사례도 드물지 않다. 한동안 교육대학교에 전국 최고수준의 학생들이 몰리던 시절, 필자가 속한 영어교육과에서만 해마다 한두 명의 학생이 정신과적인 문제로 자퇴하거나 휴학을 하고 돌아오지 않았다. 그보다는 조금 낫다고 봐야 하는 건지는 모르겠는데, 정신과적으로 문제가 있는 상태로 휴학도 못 하고 우울하게 지내다 졸업한 학생들도 제법 있었다. 이런 학생은 지금도 없지 않다. 아이도 부모도 행복하고 결과도 좋은 교육을 하고 싶다면 어려서부터 아동발달을 고려한 방법을 찾아야 한다.

설령 아이가 나중에 부모 덕분에 잘 되었다고 말하더라도, 그건 참으로 다행스러운 일이긴 하지만, 그래서 부모가 잘했다고 봐야 하는 것인지는 따져봐야 할 별개의 문제라고 생각한다. 그건 성인이 된 아이가 부모를 그냥 이해해주는 아량은 아닐까. 어쩌면 무의식중에 그 힘들었던 시절을 잊고 싶어서 그간 겪은 일을 정당화하거나 미화하고 싶은 것인지도 모른다. 하지만 만약에 "사춘기까지는 좀 덜 강압하고 그 이후에 밀어붙였다고 해서 지금과 같은 결과가 안 나왔을까요?", "혹시 더 잘되지는 않았을까요?", "나를 좀 믿어주고 지지해주었다면 내가 덜 힘들고 더 노력하지 않았을까요? 그래서 결과도 더 좋고 지금 더 행복하지 않을까요?" 이런 질문을 부모에게 던진다면 뭐라고 답할 것인가? 그럴 리가 없다고 하거나, 증명할 수가 없지 않느냐고 할지는 모르겠지만, 지금까지의 자녀교육에 관한 연구결과들이 답을 한다면 분명 아이의 손을 들어주지 부모 손을 들어주지는 않을 것이다.

## 5. 아이에 대한 존중으로 아이와 부모 모두 성공하자

여기 씨앗이 하나 있다. 그 씨앗이 어떤 잠재력을 지니고 태어났는지는 알 수 없다. 아주 건강하게 잘 자랄 잠재력일 수도 있고 다른 씨앗에 비해서 좀 뒤처지는 잠재력일 수도 있다. 하지만 건강한 씨앗이라도 물, 햇빛, 바람 등 자라는 데 필요한 조건이 좋지 않으면 제대로 클 수가 없다. 비록 허약하게 태어났더라도 조건이 좋은 곳에 심어주면 자신이 타고난 잠재력을 최대한 발휘하게 되어 꽤 괜찮은 나무로 자랄 수 있다. 중요한 것은 잠재력을 잘 발휘할 수 있는 조건을 만들어주는 것이다.

  사람도 마찬가지다. 아이가 태어날 때 건강하고 머리도 좋은 아이로 태어날 수도 있고 그렇지 못할 수도 있다. 썩 좋은 잠재력을 지니고 나오지는 않았다 하더라도 성장 조건이 좋으면 상당히 괜찮은 사람으로 자랄 수 있다. 반대로, 훌륭한 잠재력을 지니고 태어난 아이라 하더라도 부모가 그 아이의 잠재력과 다르게 자신의 욕심으로 그려놓은 성장로드맵대로 키운다면, 아이는 잘해야 부모 눈에 예쁜 분재가 되기는 하겠지만 아주 무성하고 늠름한 나무로 자라지는 못할 것이다. 아이를 분재처럼 키우는 것은 협소한 화분에 심어 성장억제제를 주면서 자라는 동안 철사로 가지를 칭칭 감아 모양을 잡아가는 것과 같다. 멋지고 값비싼 분재라도 되어 성공했다고 하면 다행이라고 해야 하는 건지 모르겠지만, 과연 그것이 누구의 성공일까? 아이의 성공일까, 부모의 성공일까?

  사회에 나갈 때까지 시종일관 자유롭게 놔두어야 한다고 주장하려는 것이 아니다. 사실 그런 부모도 있고 그렇게 해서 크게 성공한 사례도 없진 않다. 하지만 가정마다 상황이 다르고 교육철학도 다를 수 있다. 또, 그에 따른 성공 여부도 다를 수 있다. 그러니 함부로 절대적으로 어떠해야 한다고 말할 수 있는 건 아니다. 다만, 적어도 사춘기까지는 나쁜 짓 하지 않고 위험하지 않은 선에서 최대한 자유롭게 클 수 있게 해주고, 그 과정 속에서 잘 교감하고 아이의 잠재력이 잘 드러나고 발휘될 수 있도록 도와주면 좋겠다. 잠재력도 드러나기 전에 부모 뜻대로만 시키게 되면 그 잠재력이 드러날 기회가 차단되거나 드러나도 알아차리지 못하게 된다. 처음부터 과도한 공부를 강요하면 여러 가지 면에서 그만큼 후회할 가능성도 높아질 수밖에 없다.

어린아이가 행복해하면서 두뇌와 신체가 고루 발달하게 하는 좋은 방법 중 하나는 친구들과 많이 뛰어 노는 것이다. 같이 놀려면 뭘 하며 놀 건지, 놀이의 규칙은 어떻게 정할 건지, 그 규칙을 위반하면 어떻게 할 건지 정해야 한다. 정했다고는 하지만 하다보면 애매한 상황이나 갈등이 생기기 마련이고 이에 대해 협의를 하고 때론 논쟁을 벌인다. 놀이에서 이기기 위해 과학적 사고를 해야 할 수도 있다. 수학적 계산을 해야 할 수도 있다. 협동하기도 하고 선의의 속임수도 쓸 수 있다. 약간의 다툼까지도 있을 수 있다. 그런데 이 모든 것이 두뇌발달과 사회성 발달로 이어진다.

사실 성장기에 가장 중요한 것은 아이의 발달에 필요한 다양한 자극이 충분히 주어지는 것이다. 어린아이의 두뇌는 노는 과정에서 가장 많이 발달한다. 활발한 신체 사용도 두뇌발달을 자극한다. 건강만 챙겨지는 게 아니다. 놀이 과정에서 실패와 좌절을 경험하기도 하고 스트레스나 마음의 상처를 받을 수도 있다. 하지만 이것들이 다 사회화 과정이다. 훗날 홀로 사회를 살아갈 때 큰 힘이 되는 경험이다. 따라서 어렸을 때는 성공하는 경험도 중요하지만 실패하는 경험도 그에 못지않게 중요하다. 어쩜 더 중요할 수도 있다. 실패를 해봐야 성공하는 법을 익힐 수가 있다. 결국 실패와 힘듦이 백신이 되어 '사회적 면역력'도 길러지고, 그게 자양분이 되어 소위 맷집과 내공도 길러짐으로써 장애를 뚫고 나갈 수 있는 힘이 있는 사람으로 성장하는 것이다. 실패 경험이 없으면 문제해결능력이 길러지지 않아 학교에서도 사회에서도 잘 적응하지 못한다. 그러면 자존감이 낮아지고 쉽게 좌절하거나, 아니면 반대로 예민해지고 거칠어져서 폭력적으로 변할 수도 있다.

아이가 뭔가 하고 싶다고 하면, 부모의 경험상 실패할 게 불을 보듯 뻔하더라도, 남에게 해를 끼치거나 위험하지 않고 손해가 지나치게 크지 않다면 해보게 하는 것이 좋다. 하고 싶고 할 수 있다고 생각해서 한번 해보겠다고 하는 건데 못 하게 하면 아이의 가슴속에 오랫동안 응어리로 남는다. 최종 결정을 부모가 한 것이기 때문에 심지어 평생 원망할 수도 있고 책임을 져야 할 수도 있다. 부모 눈에 비록 아직 많이 어려 보여도, 결정을 하는 데 중요하게 고려해야 할 것들을 알려주는 정도의 조언은 하되 최종 결정은 아이가 하게 한다면, 자신을 존중해주는 부모의 마음이 느껴지고 그 마음이 아이의 가슴속에 살아 있기 때문에 사춘기도 있는 듯 없는 듯 지나가고 평생 부모를 고마워하게 될 것이다. 무엇보다 아이가 성공할 가능성이 그만큼 높아진다.

### 6. 마무리: 숲을 먼저 보고 나무를 보자

숲을 보면 나무가 보이지 않고, 나무를 보면 숲이 보이지 않는다는 말이 있다. 전체와 부분을 모두 살펴야 하는데 그게 쉽지 않다는 것을 비유한 표현일 것이다. 그래서 어느 과학자는 '멀리서 망원경으로 당겨서 보라'고 말한다. 멀리 떨어져 숲을 보면서 망원경으로 당겨 나무를 보라는 말이다. 이 말에서 중요한 것은 숲을 먼저 보는 것이다. 숲이 먼저고 나무는 그 다음이다. 하향식 접근이다. 나무를 보더라도 숲과의 관계 속에서 살펴야 나무의 진정한 모습을 볼 수 있다. 숲을 모르는 채 나무를 보면 절대 나무의 진정한 모습을 볼 수 없다.

영어교육도 마찬가지다. 영어교육의 관점에서만 생각하면 나무를 먼저 보고, 나무만 보는, 상향식 접근이 될 가능성이 높다. 아이를 교육이라는 큰 틀에서 먼저 보지 않고 인지심리학과 아동발달에 대한 이해 없이, 어설픈 지식으로 어른 입맛대로 시키면 상향식으로 흘러갈 가능성이 매우 높다. 영어권 나라와 우리나라 환경의 차이에 대한 충분한 이해 없이, 기초적인 문장생성감각부터 길러주지 않고 처음부터 파닉스, 단어, 문법 등을 시키는 것도 쓰임새도 모르는데 무턱대고 주입하는 상향식 접근이다. 또, 파닉스, 단어, 문법, 듣말읽쓰 등 모든 것이 서로 유기적으로 얽혀있고 영향을 주고받는 관계인데, 근본을 살피는 총체적인 성찰 없이 서로 별개의 영역인 듯 취급하는 것도 상향식 접근이다.

숲을 알고 보아야 나무가 제대로 보이는 것처럼, 교육의 관점에서 먼저 살피고, 그런 다음 현재 우리 아이가, 어린 뇌가, 우리나라 환경에서, 외국어로서 영어를 배운다는 것이 무엇을 의미하고, 어떻게 하는 것이 가장 효과적이고 안전한지에 대해 궁리하는 것이 아이와 부모 모두를 위하는 진정 바람직한 접근이 아닐까 생각한다.

# Highlights

- '영어교육'이 아니라 '교육'의 관점에서 접근해야 부작용이 적고 효과는 더 좋은 방법을 찾을 수 있다.
- 언어는 어릴수록 잘 배운다는 결정적시기가설에 속지 마라.
- 노출량이 적고 학습동기가 약한 우리나라에서 결정적시기가설이 조금이라도 작동하려면 영어와 재밌게 놀아야 한다.
- 부모 눈에 좋은 곳이 아니라 아이가 좋아하는 곳에 보내야 효과가 있다.
- 재미있다고 하더라도 아이 입에서 단어만 나오는 곳이 아닌, 문장이 나오게 해주는 곳에 보내야 한다.
- 아이의 자존감이 무너질 수 있는 곳에는 절대 보내지 않아야 한다.
- 모국어 능력이 좋아야 영어도 잘할 수 있다.
- 사춘기 이전의 과도한 인지교육은 아이의 뇌를 망가뜨린다.
- 사춘기까지는 진정으로 아이를 배려해 주어야 이후 뒷심을 발휘할 수 있다.
- 아이를 배려하면서도 성공할 수 있는 방법은 세상에 많이 개발되어 있다.
- 강압적 교육으로 성공한 것이 진정한 성공인지 아이의 입장에서 생각해 볼 필요가 있다.
- 숲을 알고서 나무를 보는 하향식 접근을 해야 아이와 부모 모두가 성공할 수 있는 방법을 찾을 수 있다.

### 집필 후기

언어학자로서 어린이에게 영어를 잘 가르치는 법을 가르쳐야 하는 교수 자리에 서게 되면서 고민은 시작되었다. 긴 세월 온갖 추상적인 용어들과 이론으로만 단련해왔는데, 세상 사람들이 다 아는 주어, 동사, 목적어 같은 초보적인 용어조차 사용하지 못하는 영어 지도법을 예비교사들에게 가르쳐야 하는 입장이 된 것이다. 초등영어 교과서에서 가르치는 방식은 아무리 봐도 이건 아니다 싶었다. 나는 나의 언어학 지식을 영어교육의 언어로 재해석을 해야 했다. 인지심리학과 아동심리학에 대해서도 꽤 알아야 했다. 영어권과 판이하게 다른 우리나라의 영어교육 환경에 대해서 깊이 들여다봐야 했고, 사교육에서 가르치는 방식도 관심 있게 살펴야 했다. 그러면서 아주 오랜 세월동안 사람들에게 침투하여 대물림된 단단한 고정관념들을 어떻게 깨야 할지도 궁리해야 했다. 생각이 정리되어 첫 책을 내는 데 20년이 넘게 걸렸다. 그게 뒷심이 되어 마침내 학부모를 상대로 한 이 책을 쓸 수 있었다. 우리나라의 영어교육이 바뀌려면 다름 아닌 학부모의 생각이 바뀌어야 한다는 생각으로 썼다.

  이 책을 쓸 때 각 부제목은 1부 '제발, 단어 공부 좀 시키지 말아주세요!', 2부 '제발, 문법 공부 좀 시키지 말아주세요!', 3부 '제발, 파닉스 공부 좀 시키지 말아주세요!', 4부 '제발, 영어 공부 좀 시키지 말아주세요!'였다. 그런데 제목만 보고 자칫 오해와 반감이 먼저 생길 수도 있겠다 싶어, 교정과정에서 가장 중요하다고 생각하는 1부 제목만 남기고 2~4부 제목은 바꿨다. 하지만 지금도 내 마음 속 제목은 바뀌지 않았다. 그만큼 영어를 시작하는 아이들의 부모를 향한 호소는 진심이다. "제발, 첫 단추를 잘못 끼우지 말아주세요!"